NOTES

SUR

LE CANADA

PAR

PAUL DE CAZES

—

ÉDITION NOUVELLE

REVUE ET CORRIGÉE

APERÇU GÉNÉRAL—RÉSUMÉ HISTORIQUE

POPULATION—PRODUCTIONS

COMMERCE—NAVIGATION

INSTRUCTION PUBLIQUE

ÉMIGRATION—CHEMINS DE FER—MILICE

CHRONOLOGIE—RENSEIGNEMENTS DIVERS—ETC.

QUÉBEC

C. DARVEAU, IMPRIMEUR-ÉDITEUR

—

1882

NOTES

SUR

LE CANADA

NOTES

SUR

LE CANADA

PAR

PAUL DE CAZES

—

ÉDITION NOUVELLE

REVUE ET CORRIGÉE

APERÇU GÉNÉRAL—RÉSUMÉ HISTORIQUE

POPULATION—PRODUCTIONS

COMMERCE—NAVIGATION

INSTRUCTION PUBLIQUE

ÉMIGRATION—CHEMINS DE FER—MILICE

CHRONOLOGIE—RENSEIGNEMENTS DIVERS—ETC.

QUÉBEC

C. DARVEAU, IMPRIMEUR-ÉDITEUR

—

1882

INTRODUCTION

—

" Un travail très important qui s'intitule modestement " *Notes sur le Canada* " a été fort admiré à l'exposition internationale de géographie à Venise.

—" Lisez ce livre de M. Paul de Cazes, me disait dernièrement un ami,—membre de plusieurs sociétés savantes—et vous connaîtrez parfaitement la Confédération canadienne.

" Le travail de M. Paul de Cazes donne sur notre pays des renseignements précieux. Il est un guide sûr pour ceux qui veulent entreprendre des études sur le Canada, y nouer des relations, et je crois qu'il serait d'une sage politique de le mieux faire connaitre à l'étranger."

Ainsi parle dans son rapport à l'honorable Secrétaire de la Province, Son Excellence M. le comte Viola, qui a été notre représentant à l'Exposition internationale de Géographie, à Venise.

Que puis-je ajouter à cet éloge décerné au travail que M. Paul de Cazes vient de consacrer à notre histoire, à notre statistique, à notre économie politique ?

C'est le meilleur *vade mecum,*—ici comme à l'étranger—que nous puissions avoir sur le Canada.

FAUCHER DE SAINT-MAURICE.

NOTES

sur

LE CANADA

I

APERÇU GÉNÉRAL

En Europe, on se fait généralement une idée aussi fausse que peu avantageuse du Canada.

Pour beaucoup de personnes, cette importante colonie n'est qu'un pays perdu, couvert de forêts inextricables et de savanes marécageuses, enseveli, pendant sept ou huit mois de l'année, sous une épaisse couche de neige, où on gèle en hiver, où on grille en été, où le colon doit toujours être sur le qui-vive pour défendre sa vie et sa propriété contre les attaques incessantes de tribus sauvages, complètement incivilisées et à moitié anthropophages.

On ignore l'incomparable fertilité de son sol, la salubrité incontestable de son climat, l'accroissement relativement prodigieux de sa population ; en un mot, tout ce qui constitue les nombreuses et inépuisables ressources que renferme cet immense territoire.

Le Canada, dont la superficie est évaluée à 3,469,392 milles carrés, (8,987,907 kilomètres) est borné : au nord par le territoire de la Baie d'Hudson, au 52e degré de latitude* ; à l'est par l'océan Atlantique ; à l'ouest par l'océan Pacifique ; au sud par la frontière nord des Etats-Unis.

Si l'on considère que l'Europe, les îles y comprises, ne dépasse pas 3,860,000 milles carrés, on se rend facilement compte de l'importance de ce pays peu peuplé encore, en raison de l'immensité de sa surface territoriale, dont plusieurs centaines de millions d'acres, d'un sol exceptionnellement fertile, sont encore inexploitées.

Le Canada se compose de sept provinces unies entre elles par un lien fédératif.

Ce sont :

La province d'Ontario (Haut-Canada) qui contient, sur 101,733 milles carrés, (263,473 kil.) une population de 1,923,228 âmes † en majorité de race anglo-saxonne ;

La province de Québec (Bas-Canada), qui ne compte encore que 1,359,027 habitants, en grande

* On assure que le gouvernement impérial a décidé l'annexion au Canada de tous les territoires de l'Amérique du Nord. Terreneuve exceptée. qui ne font pas partie de la Confédération.

† Le chiffre de la population est tiré du recensement de 1881.

partie d'origine française, sur 188,688 milles carrés (488,676 kilo).

Ces deux provinces formaient, à elles seules, le Canada avant 1867 ; mais l'*Acte de l'Amérique Britannique du Nord*, proclamé le premier juillet de la même année, leur a annexé le Nouveau-Brunswick et la Nouvelle-Ecosse. Puis, la province de Manitoba, en 1870, celle de la Colombie Anglaise en 1871, et l'Ile du Prince-Edouard, en 1873, entrèrent successivement dans la Confédération canadienne. La population de ces cinq dernières provinces réunies, est de 986,109 âmes et leur superficie territoriale de 513,719 milles carrés (1,333,067 kil).

Les territoires du Nord-Ouest plus considérables à eux seuls que toutes les autres provinces du Canada, puisqu'ils contiennent 2,665,252 milles carrés (6,902,721 kil.), ont été achetés par le gouvernement canadien à la compagnie de la Baie d'Hudson en 1870. On n'y compte que de 56,446 habitants dont 49,472 vivent à l'état sauvage. En avril 1876 on en a détaché le district de Keewatin, contenant environ 500,000 milles carrés et dont la population ne dépasse pas 10,000 âmes.*

* Pendant la session fédérale de 1882, quatre districts nouveaux ont été formés, savoir: L'Assiniboine, d'environ 95,000 milles carrés ; le Saskatchewan, d'environ 114.000 milles carrés ; l'Alberta, d'environ 100,000 milles carrés et l'Athabaska, d'environ 122,000 milles carrés.

A l'encontre du Bas-Canada où l'élément français et catholique domine, les autres provinces sont, en grande majorité, anglaises et protestantes ; ceux qui y professent le catholicisme et descendent de la race française n'y comptent que pour un quart au plus.

On exagère beaucoup, ordinairement, l'âpreté du climat canadien. Au Canada les hivers sont rigoureux, c'est vrai, et la neige y couvre le sol pendant près de cinq mois de l'année. Mais, en revanche, ces froids secs et vivifiants, que l'on envisage avec tant d'horreur, donnent la force et l'énergie aux populations qui l'habitent ; cette neige elle-même, si redoutable en apparence, tout en étant le préservatif le plus efficace des plantes qu'elle garantit contre la gelée, procure aussi, aux habitants des villes et des campagnes, un mode de locomotion des plus rapides et des moins coûteux. Les étés sont habituellement chauds, c'est incontestable, mais l'atmosphère n'y est jamais lourde et suffocante comme dans les régions de l'Amérique méridionale, ou dans certaines contrées du sud de l'Europe, et cette température provoque et soutient une des végétations les plus luxuriantes qu'il y ait au monde.

Si chacun sait qu'à Saint-Petersbourg la température moyenne des trois mois d'hiver est de *dix* degrés centigrades, beaucoup de personnes ignorent qu'elle ne dépasse guères *cinq* degrés à Montréal. D'après des rapports météorologiques d'une autorité incontestable, dans cette dernière ville, la moyenne de janvier, le mois le plus rigoureux de l'année, varie entre *six* et *huit* degrés centigrades. Ces mêmes rapports constatent que la moyenne de juillet, le mois le plus chaud au Canada, varie entre *vingt* et *vingt-cinq* degrés.

Jamais, cependant, ni cette grande chaleur, ni ce froid tant redouté ne deviennent assez intolérables pour empêcher le cultivateur canadien de vaquer aux travaux d'exploitation de sa ferme.

Les variations considérables que l'on remarque entre les grands froids de l'hiver et les jours les plus chauds de l'été, sont loin d'être aussi préjudiciables à la santé des habitants qu'on pourrait se l'imaginer au premier abord. Des statistiques sérieuses ont démontré que, toutes proportions gardées, le chiffre des décès y est plus de moitié moins élevé qu'en France et en Angleterre.

La meilleure preuve à donner de la salubrité du climat, c'est la vitalité tout exceptionnelle de la population du Canada, en général, et le développement vraiment prodigieux de la race française, en particulier. En 1763, le Haut et le Bas-Canada qui comptaient 65,000 âmes, tout au plus, possédaient lors du recensement de 1881, 3,282,255 habitants, dont 1,176,563 d'origine française. Si nous ajoutons à ce dernier nombre environ 500,000 Canadiens-Français disséminés dans les autres provinces de la Confédération et aux Etats-Unis, nous en arrivons à constater que, dans l'espace de cent dix-huit ans, ce petit groupe de Français s'est multiplié plus de vingt-cinq fois par sa simple force d'expansion et sans le secours de l'émigration étrangère.

On doit conclure de ces observations, et cela en dépit de toutes les opinions scientifiques émises pour expliquer le peu d'augmentation relative de la population en France, que la race française possède des qualités tout aussi colonisatrices, à ce point de vue, qu'aucune autre au monde. Cette progression rapide de la population, au Canada, est due un peu, sans doute, à la salubrité du climat et beaucoup, probablement, à la moralité des habitants. Quoiqu'il en soit, si l'accroissement qui s'est manifesté jusqu'ici continue à se maintenir, il y aura, avant la fin du siècle prochain, plus de Français qu'en France même dans les colonies anglaises de l'Amérique du Nord.

Chacune des provinces du Canada possède d'innombrables ressources, pour la plupart inexploitées encore.

Les forêts séculaires qui couvrent une partie considérable de son territoire offrent une variété infinie de bois, fort appréciés, pour la construction et l'ébénisterie. Des centaines de rivières, au cours rapide, peuvent faire mouvoir des milliers d'usines alimentées par les produits naturels du pays ; ses chemins de fer, ses canaux, ses lacs, grands comme des mers, son fleuve Saint-Laurent qui, à plus de cent soixante lieues de son embouchure, devant Montréal, a encore une largeur d'au moins deux milles et demi, et une profondeur suffisante pour permettre aux steamers du plus fort tonnage d'y manœuvrer à l'aise, sont autant d'avantages sérieux offerts au développement du commerce et de l'industrie.

Enfin, mettant en ligne de compte un grand nombre de manufactures et d'usines de toutes sortes, une immense quantité de produits minéralogiques enfouis dans le sol, on se fera une idée des richesses inconnues que renferme ce pays inévitablement destiné à jouer, un jour ou l'autre, un rôle important, sinon brillant, parmi les peuples du Nouveau-Monde.

Au point de vue administratif et religieux, le Canada jouit de la liberté la plus étendue. La suzeraineté de l'Angleterre sur cette colonie est toute commerciale. Les possessions britanniques de l'Amérique du Nord sont un débouché avantageux pour les nombreux articles d'exportation qui sortent des docks de la Grande-Bretagne et inondent leurs marchés, à l'exclusion de presque tous autres produits européens ; c'est tout ce que la métropole leur a demandé jusqu'ici.

La constitution qui régit la Confédération canadienne, tout en étant monarchique parlementaire, a beaucoup d'analogie avec celle des Etats-Unis d'Amérique. Comme dans la grande république américaine, il y a une administration fédérale et des gouvernements provinciaux.

Le gouvernement fédéral siége à Ottawa, capitale du Canada.

Il est administré par :

Un Gouverneur-Général, fonctionnaire du gouvernement métropolitain, chargé d'y représenter les intérêts de la couronne britannique, avisé par un conseil composé de treize ministres qui ont la direction des départements qui suivent :

1° Département de la Justice et du Procureur-Général, y compris l'Administration des pénitenciers ;

2° Département des Travaux Publics, comprenant les canaux, les chemins de fer et les édifices publics ;

3° Département de l'Intérieur, comprenant:

L'administration des Indiens, les terres de la Confédération, le service géologique ;

4° Département du Secrétaire d'Etat, comprenant : La correspondance officielle avec le Gouverneur-Général et les Lieutenants-Gouverneurs des provinces, l'impression et la publication de la Gazette Officielle, l'enregistrement de tous les documents publics, la papeterie du Gouvernement et le bureau de l'Imprimeur de la Reine et la police à cheval ;

5° Le Département de la Marine et des Pêcheries, comprenant : la construction et l'entretien des phares, la police des rivières, les garde-côtes, la quarantaine, la protection des pêcheries et la pisciculture ;

6° Le Département de la Milice et de la Défense, comprenant : la milice, les fortifications et les écoles militaires ;

7° Le Département des Finances, comprenant : le Trésor, les Caisses d'épargne du gouvernement ;

8° Le Département des Douanes ;

9° Le Département du Revenu Intérieur, comprenant : la perception des droits d'accise, les péages des canaux et des glissoirs pour les bois de construction, le paiement des fermages des bacs, et les honoraires pour la coupe des bois de construction (terres de la Puissance), et la mise a exécution des actes ayant trait à l'inspection des denrées alimentaires, du gaz, des poids et mesures, etc., etc.

10° Le Département des Postes, comprenant les caisses d'épargne postales ;

11° Le Département de l'Agriculture et des Arts, comprenant : le bureau des Brevets, le bureau des Recensements et Statistiques, et aussi l'Immigration ;

Un sénat composé de soixante-dix-sept membres nommés à vie par le Gouverneur en conseil ; *

Enfin, une Chambre des Communes, où siégent deux cent onze députés élus, tous les cinq ans, au scrutin secret, par les habitants des différentes provinces de la Confédération, qui y sont représentées proportionnellement à l'importance numérique de la population de chacune d'elles. † -

Dans les deux Chambres, la discussion peut avoir lieu, indifféremment, en français ou en anglais, et tous les documents officiels doivent être forcément publiés dans les deux langues.

* Les sénateurs doivent être âgés d'au moins trente ans et posséder une qualification foncière de $4,000 dans la province pour laquelle ils ont été nommés. Le sénat se compose ainsi : Ontario. 24 ; Québec, 24 ; Nouvelle-Ecosse. 10 ; Nouveau-Brunswick, 10 ; Manitoba, 2 ; Colombie Britannique, 3 ; Ile du Prince-Edouard, 4.

† La Province de Québec sert de base avec 65 députés : voici le nombre de représentants que chaque province, d'après le dernier recensement, doit fournir à la Chambre des Communes : Ontario. 92 ; Québec, 65 ; Nouvelle-Ecosse. 21 ; Nouveau-Brunswick, 16 ; Ile du Prince-Edouard, 6 ; Manitoba, 5 ; Colombie Britannique, 6.

Par " l'*Acte d'Union*," le gouvernement fédéral exerce son contrôle sur toutes les matières qui ne sont pas spécialement dévolues aux provinces. Il a le pouvoir de faire des lois pour la tranquillité et l'administration du pays. Il règle les questions suivantes :

1° La dette et la propriété publiques ;

2° L'industrie et le commerce ;

3° Les contributions indirectes :

4° Les emprunts sur le crédit public ;

5° Le service postal ;

6° Les recensements et statistiques ;

7° La milice et la défense ;

8° La solde des officiers civils et militaires ;

9° Le service des phares ;

10° La navigation ;

11° La quarantaine ;

12° Les pêcheries ;

13° Le numéraire et les opérations de banque ;

14° La monnaie légale et le monnayage ;

15° Les poids et mesures ;

16° Les banqueroutes et les faillites ;

17° Les inventions et les découvertes ;

18° Les naturalisations ;

19° Le mariage et le divorce ;

20° Les pénitenciers ;

21° Les lois criminelles, excepté la constitution

des cours de juridiction criminelle et ne comprenant que la procédure en matière criminelle.

Chacune des provinces possède, en outre, un gouvernement particulier dont la constitution est, à peu de chose près, analogue à celle de la législature fédérale et exerce les mêmes pouvoirs sur toutes les questions ayant trait aux intérêts locaux.

Ces administrations se composent :

D'un Lieutenant-Gouverneur, d'un Conseil Législatif dont les membres sont nommés à vie, comme ceux du Sénat, et d'une Assemblée Législative éligible tous les quatre ans.

Ontario, Manitoba et la Colombie diffèrent des autres provinces en ce qu'elles n'ont pas de Conseil Législatif. Ces législatures provinciales sont complètement indépendantes du parlement fédéral pour tout ce qui concerne la législation civile, et ont aussi l'administration exclusive et sans contrôle de toutes les propriétés du domaine public contenues dans les limites qui leur appartenaient avant la Confédération.

Elles nomment aussi les magistrats nécessaires pour l'administration de la justice, excepté lesjuges.

Elles régissent :

1° L'éducation ;

2° Les asiles, les hôpitaux et les institutions de charité ;

3° Les prisons et les maisons de correction ;

4° Les institutions municipales ;

5° Les magasins, les hôtels et autres lieux autorisés ;

6° Les travaux locaux ;

7° Les mariages ;

8° La propriété et les droits civils ;

9° L'administration de la justice, en tant que le comportent la constitution, la conservation et l'organisation des cours provinciales de juridictions civile et criminelle, et les pouvoirs des magistrats et des juges de paix.

L'émigration et l'immigration sont soumises à la législation fédérale et à la législation locale simultanément; mais sur ce point les règlements locaux ne doivent pas se trouver en conflit avec les lois fédérales.

Le droit de *veto* que le Gouverneur-Général et les Lieutenants-Gouverneurs ont le droit d'exercer, au besoin, au nom du Souverain, est la seule mesure répressive que l'autorité métropolitaine se soit réservée sur ses colonies de l'Amérique du Nord. Bien rarement, les représentants de la couronne britannique se croient dans le cas d'user d'un privilège que leurs pouvoirs leur confèrent.

La propriété foncière n'est soumise à aucune taxe directe, et les impôts perçus sur les marchandises importées et sur différents produits manufacturés dans le pays, ont suffi jusqu'ici aux frais généraux de l'administration.

Pour être électeur, il faut, en outre de la possession intégrale de ses droits civils, être pourvu d'une certaine qualification pécuniaire qui varie selon l'importance du mandat à conférer. *

Une des clauses de l'acte de cession de la Nouvelle-France à l'Angleterre assure aux habitants du pays la libre pratique de la religion catholique et l'exercice des lois civiles alors en usage dans la colonie. Le clergé catholique est respecté de toutes les sectes religieuses et jouit d'une influence considérable parmi les habitants d'origine française.

* Pour être électeur, il faut, dans les provinces d'Ontario et de Québec, être principal locataire ou tenancier de propriétés valant : à la ville $300.00, et dans les campagnes $200.00, ou posséder un revenu de $30.00 à la ville et de $20.00 dans les campagnes.

À la Nouvelle-Ecosse, l'électeur doit posséder pour $150.00 de propriétés foncières ou $40.00 de propriétés mobilières ; et au Nouveau-Brunswick, des propriétés foncières pour $100.00, des valeurs mobilières de $400.00 ou un revenu annuel de $40.00.

Dans l'Ile du Prince-Edouard, tout propriétaire ou locataire de propriétés foncières évaluées à $400.00, après 12 mois de résidence est électeur dans le district où il doit donner son vote.

À Manitoba, est électeur tout sujet anglais mâle après 3 mois de résidence dans son district électoral, s'il possède une propriété foncière de $100.00, ou s'il est locataire de biens-fonds de la valeur de $200.00 ou payant $20.00 de rente.

Dans la Colombie Anglaise, l'électeur est seulement tenu d'être sujet anglais et d'avoir résidé 12 mois dans son district électoral.

C'est sur l'interprétation des *Coutumes de Paris* que les tribunaux appuyèrent toujours la jurisprudence civile du Canada français, jusqu'en 1866. A cette époque, les lois en vigueur dans le Bas-Canada, après avoir été soigneusement condensées par un comité composé de savants légistes, furent publiées sous le titre de *Code civil du Bas-Canada*. Le code renferme, à peu de chose près, les dispositions du Code civil français. Devant toutes les cours de justice de la province de Québec, l'avocat comme le plaideur, d'origine française ou anglaise, peuvent faire valoir leurs prétentions dans leur langue maternelle. Toutes les autres provinces sont soumises à la jurisprudence civile anglaise.

L'instruction primaire est obligatoire au Canada, en ce sens que chaque père de famille est tenu de payer une certaine contribution annuelle affectée au soutien des écoles de son canton, pour chacun de ses enfants âgés de sept à quatorze ans, qu'ils y assistent ou non.

II

RÉSUMÉ HISTORIQUE

—

De l'autre côté de l'Atlantique, à plus de mille lieues des rives de France, il y a de cela plus de trois siècles, Jacques Cartier remontait le fleuve Saint-Laurent et prenait possession, au nom du roi de France, de vastes contrées, encore inexplorées, auxquelles on donna le nom de *Nouvelle-France*.

En dépit des vicissitudes de tout genre qu'ils ont eu à subir, les quelques rares pionniers qui vinrent, à l'ombre du drapeau planté par le navigateur malouin, fonder la nouvelle colonie, ont grandi et prospéré. Aujourd'hui, près de treize cent mille représentants de la race française conservent précieusement au Canada, au milieu des éléments étrangers qui les entourent, la langue, les mœurs et les traditions de l'ancienne mère-patrie.

Comprenant qu'à l'instar des autres grandes nations de l'Europe, la France devait réclamer sa part du monde nouveau découvert par Christophe Colomb, François Ier qui règnait alors, suivant en cela l'avis de Philippe de Chabot, amiral de ses armées de mer, confia à Jacques Cartier, navigateur de Saint-Malo, connu pour son énergie et son esprit d'entreprise, le soin d'aller explorer la partie nord du nouvel hémisphère.

Le 20 avril 1534, Jacques Cartier partait donc de Saint-Malo avec deux vaisseaux d'environ soixante tonneaux chacun, montés par soixante-et-un hommes d'équipage. Le 16 juillet de la même année, il jetait l'ancre, dans le bassin de Gaspé et plantait sur cette partie du territoire d'Amérique, dont il prenait possession au nom du roi, son maître, une croix sur laquelle étaient écrits ces mots : *Vive le roi de France !* Puis, il revint rendre compte de sa mission à François Ier. Le 19 mai 1535, le capitaine malouin mettait de nouveau à la voile avec trois vaisseaux dans le but de pousser plus loin ses explorations de l'année précédente. Après avoir remonté le Saint-Laurent jusqu'à Hochelaga, il revenait mouiller à l'embouchure de la rivière Saint-Charles * pour y passer l'hiver. Mais pendant l'hivernage, son équipage ayant été décimé par le scorbut, il se vit obligé de retourner en France, de bonne heure, le printemps suivant.

Les premières tentatives qui furent faites pour coloniser le Canada ou la *Nouvelle-France*, comme on appelait alors indistinctement l'immense territoire dont Jacques Cartier venait de doter son pays, échouèrent complètement, et celles qui suivirent ne réussirent jamais qu'à demi. Aussi, pendant près de deux siècles le développement de la population y fut-il à peu près nul.

Dès 1541, François Iᵉʳ avait songé à fonder une colonie dans le Nouveau-Monde. M. de Roberval, nommé lieutenant-général du roi, pour les nouvelles possessions, avait été chargé d'en jeter les premiers fondements. Jacques Cartier, choisi pour diriger cette expédition, partit en avant, le 23 mai 1541, avec cinq vaisseaux de quatre cents tonneaux chacun, munis de provisions pour deux ans, avec l'intention d'hiverner au Canada. Mais, malgré les précautions qu'il avait pu prendre, ses équipages ayant autant souffert que pendant l'hiver de 1535-36, il

* Jacques Cartier l'avait appelée rivière Ste-Croix.

résolut de retourner en France, le printemps venu, sans attendre l'arrivée de M. de Roberval. Chemin faisant, dans les parages de Terreneuve, il rencontra ce dernier qui, parti de la Rochelle, le 16 avril, venait le rejoindre avec trois vaisseaux portant 200 émigrants et accompagné d'un certain nombre de gentilshommes. N'ayant pu réussir à persuader à Cartier de revenir avec lui, M. de Roberval continua sa route et vint attérir à Charlesbourg. L'hiver fut fatal au nouvel établissement qui, dans l'espace de quelques mois, perdit près du tiers de ses membres.

Sur ces entrefaites, la guerre s'étant rallumée entre François Ier et Charles Quint, au lieu des renforts qu'il attendait, M. de Roberval reçut l'ordre de revenir en France et d'y ramener ses compagnons.

Après la conclusion de la paix, M. de Roberval reprit, avec l'assentiment de Henri II, qui venait de succéder à son père, ses projets de colonisation de la Nouvelle-France. Accompagné de son frère, il se remit, en 1549, à la tête d'une nouvelle expédition qui dut périr en mer, car on n'en eut jamais de nouvelles. Le Canada resta oublié pendant le demi-siècle qui suivit cette catastrophe.

Le marquis de la Roche, nommé, le 3 janvier 1578, lieutenant-général et vice-roi de la Nouvelle-

1*

France, tâcha de reprendre l'œuvre de M. de Roberval. Il partit avec un assez grand nombre d'émigrants qu'il débarqua sur l'île de Sable, île inculte,
située à l'embouchure du golfe Saint-Laurent, d'où
il partit pour aller explorer les rivages de l'Acadie,
pensant y trouver un lieu propice à leur établissement. Poussé, dit-on, par une violente tempête qui
le rejeta sur les côtes de Normandie, où il débarqua, il prit part à la guerre civile qui alors rava-
geait la France et fut jeté en prison, où on assure
qu'il resta pendant huit ans. Ce ne fut qu'après
sa mise en liberté, en 1596, que l'on songea aux
pauvres malheureux abandonnés sans ressources
sur une île déserte, que l'on retrouva-décimés par
les privations de toutes sortes.

M. de Chates, ayant obtenu un privilège exclusif
pour la traite des pelleteries et formé une société,
à Rouen, pour l'exploitation de tout le territoire
compris entre le cap Race et le 50e degré de latitude nord, à la condition de coloniser les contrées
dont lui et ses associés devenaient ainsi les con-
cessionnaires, mit MM. de Pontgravé et Samuel
de Champlain, habile homme de mer du temps,
à la tête d'une nouvelle expédition qui fut dirigée
vers le Canada, dans le cours de l'année 1603.

M. de Monts, qui avait remplacé comme lieutenant-général, le 8 novembre 1603, M. de Chates,

mort dans l'intervalle, s'embarquait, à son tour, au commencement d'avril 1604, au Hâvre, et, un mois après son départ, attérissait avec quelques centaines de colons sur les côtes de l'Acadie (Nouvelle-Ecosse). Il passa l'hiver sur la petite île Sainte-Croix * où il eut beaucoup à souffrir du manque presque complet d'eau douce. Au printemps de 1605 il fondait Port-Royal.

De son côté, Champlain, après avoir exploré les rives du Saint-Laurent, jetait les fondements, le 3 juillet 1608, de la ville de Québec, qui devint et resta jusqu'en 1867, la capitale du Canada, sur l'emplacement même du village Stadaconé, où Jacques, Cartier aborda quand il planta, pour la première fois, la croix de la civilisation sur les plages du Nouveau-Monde.

A dater de la fondation de Québec, le Canada qui avait toujours été laissé sous la direction exclusive des compagnies possédant le privilège de faire la traite des pelleteries dans tout le pays, fut soumis à une organisation plus régulière.

Jusque là, les quelques rares colons établis sur les bords de Saint-Laurent avaient eu beaucoup à souffrir du voisinage des aborigènes, avec qui ils avaient de fréquents démêlés.

Champlain tenta d'établir des relations ami-

* L'île Sainte-Croix est située dans la baie de Passamaquoddy.

cales avec les tribus sauvages, dont il était environné. A cet effet, il conclut un traité d'alliance avec les Algonquins et les Hurons, ses voisins, leur promettant son concours pour combattre leurs ennemis héréditaires, les Iroquois, peuplade nombreuse et redoutable établie au sud du lac Ontario.

Quoique peu nombreux, les Français rendirent immédiatement de grands services à leurs nouveaux alliés. Les effets foudroyants des armes à feu jetèrent bientôt l'épouvante et le désarroi dans les rangs ennemis.

Le prince de Condé, nommé en 1612 vice-roi de la Nouvelle-France, fut empêché, par les troubles politiques dans lesquels il se trouva mêlé en France, de prendre une part effective à la direction de la colonie.

A la sollicitation de Champlain, quatre frères Récollets, les premiers missionnaires qui aient évangélisé la partie nord du Nouveau-Monde, débarquaient, en 1615, sur les rives du Saint-Laurent. Dans la même année, une expédition que les Algonquins et les Hurons entreprirent contre leurs ennemis, les Iroquois, et à laquelle Champlain prit part, échoua complètement. Emporté assez grièvement blessé du champ de bataille, le capitaine français dut passer l'hiver au pays des

Hurons, où il utilisa les nombreux loisirs que lui laissait sa convalescence, en étudiant les mœurs et les usages de ses hôtes.

Dans les derniers jours de juin 1617, s'établit sous les murs de Québec la première famille française qui vint se fixer au Canada avec l'intention de cultiver la terre. Cette famille, nommée Hébert, qui a fait souche et laissé de nombreux descendants, se composait de cinq membres : le père, la mère, deux filles et un garçon. Quelques années plus tard, en 1620, Champlain, qui avait passé en France pour mettre la compagnie formée par M. de Monts en demeure d'exécuter ses obligations, revenait à Québec avec le titre de lieutenant-général de la Nouvelle-France, que lui avait conféré le duc de Montmorency, qui venait de succéder au prince de Condé, accompagné de sa femme, * d'un certain nombre de ses parents et de trois Récollets.

La Compagnie de Monts persistant à ne tenir aucun compte de ses engagements envers la colonie, le duc de Montmorency en prit occasion pour la remplacer, en 1620, par une autre dont il confia la direction à MM. Guillaume et Emery de Caen ; mais cette nouvelle société ne remplit pas plus que les autres les obligations qu'elle avait prises.

* Madame de Champlain, qui était alors âgée de 22 ans, arriva au Canada, en juillet 1620, et en repartit, pour n'y plus revenir, le 15 août 1624.

C'est en 1625 que les premiers Jésuites se fixèrent à la Nouvelle-France, à la demande des Récollets qui les reçurent à leur arrivée et leur offrirent l'hospitalité, en attendant qu'ils eussent le temps de se préparer un établissement convenable. M. de Ventadour, qui avait remplacé le duc de Montmorency, était alors vice-roi de la Nouvelle-France.

Le cardinal de Richelieu, alors ministre tout-puissant du roi Louis XIII, afin de couper court à tous les abus dont s'étaient rendues coupables les différentes compagnies qui avaient exploité jusque-là les possessions françaises de l'Amérique du Nord, annula les chartes qui leur avaient été octroyées. Il concéda à une seule société, dont le contrat fut signé le 29 avril 1627, et qui prit le nom de " Compagnie des cent Associés," des privilèges exclusifs qui devaient durer pendant quinze ans, à dater du premier janvier 1628, pour le trafic des pelleteries sur toute l'étendue des territoires de la Nouvelle-France et de la Floride. En retour, cette compagnie s'engageait à transporter au Canada, dans les vingt ans qui devaient suivre, quatre mille colons français et catholiques.

Cette nouvelle tentative de colonisation ne réussit guère mieux que les précédentes. La guerre ayant éclaté, sur ces entrefaites, entre la France et l'Angleterre, l'envahissement du Canada, qui en fut la conséquence, la perte des vaisseaux venant ravitailler la colonie capturés par la flotte anglaise, la prise de Québec, réduit à la famine, par l'amiral anglais Kertk, qui s'ensuivit, le 19 juillet 1629, furent autant de causes qui entravèrent les progrès de la colonie naissante.

A la suite de la capitulation de Québec, Champlain fut emmené prisonnier en Angleterre, et la plupart des colons français retournèrent en France. Il ne resta que cinq familles de cultivateurs, au nombre desquelles se trouvait celle d'Hébert, le premier qui s'établit à Québec.

Pendant que le cardinal de Richelieu fesait des préparatifs d'armement considérables pour rentrer en possession de la Nouvelle-France, le traité de Saint-Germain-en-Laye fut signé entre la France et l'Angleterre, le 29 mars 1632. Par ce traité l'Angleterre s'engageait à restituer à la France tout ce qu'elle lui avait pris en Amérique. En l'absence de Champlain, Québec fut alors remis, le 13 juillet 1632, à Emery de Caen, commandant général de la flotte et de toute la colonie.

Revenant au Canada, en mai 1633, avec le titre de gouverneur-général de la Nouvelle-France, Champlain fit de nouveaux efforts pour coloniser le pays. A son appel, un certain nombre de familles françaises vinrent se fixer sur les bords du Saint-Laurent et un mouvement d'émigration assez accentué vers le Canada commença à se manifester en France. Robert Giffard, arrivé au mois de juin 1634, avec un assez grand nombre de cultivateurs et d'artisans de tous les métiers, s'était établi à Beauport ; M. de la Violette avait jeté, le 4 juillet de la même année, les fondements de la ville des Trois-Rivières ; enfin, une ère de prospérité semblait vouloir s'ouvrir pour la colonie naissante, quand le fondateur de la nationalité française en Amérique mourut, le 25 décembre 1635, avant d'avoir eu le temps de consolider son œuvre.

Alors, comme le prouvent les statistiques du temps, la population d'origine européenne au Canada ne dépassait pas deux cents âmes.

Un certain nombre de maisons d'éducation et d'institutions charitables furent aussi fondées vers la même époque. En 1635, le père de Brohant, fils du marquis de Gamache, établissait à Québec le premier collège de jésuites au Canada. Mme la duchesse d'Aiguillon dotait, en 1639, l'hôpital de l'Hôtel-Dieu de Québec, dirigé par des religieuses hospitalières de Dieppe ; la même année, une maison d'éducation pour les jeunes filles, le couvent des Ursulines de Québec, ouvrait ses portes, grâce

aux dons généreux de Mme de la Peltrie; à
Montréal, fondé le 17 mars 1642 par M. de Maisonneuve, Mlle Mance construisait, dès 1644, un
hôpital sur l'emplacement où, en 1657, fut bâti
l'Hôtel-Dieu ; enfin la sœur Bourgeois, religieuse
inconnue et d'une naissance obscure, trouvait dans
les seules ressources que lui fournissait son incomparable charité, les moyens suffisants pour
établir une école qui est devenue depuis le couvent
de la Congrégation de Notre-Dame. Toutes ces
institutions existent encore, et la plupart possèdent
même de nombreuses et prospères succursales.

Les gouverneurs de Montmagny, d'Ailleboust,
de Lauzon, d'Argenson, d'Avaugour, de Saffray,
de Mézy, qui succédèrent à Champlain, ne
crurent pas à la nécessité d'intervenir dans les
guerres que continuaient à se faire entre elles les
différentes tribus sauvages. Les Hurons, privés
des secours sur lesquels ils croyaient avoir droit
de compter de la part des Français, réduits à
leurs propres forces, devaient bientôt subir les
conséquences de cette abstention. Une bataille
décisive qu'ils perdirent, en 1649, sous l'administration de M. d'Ailleboust, à qui M. de Montmagny avait cédé les rênes du gouvernement en
1648, les mit complètement à la merci de leurs
redoutables ennemis.

La colonie française ne devait pas tarder à ressentir le contre-coup de la défaite de ses alliés, car les Iroquois, qui n'avaient pas oublié les échecs que Champlain leur avait fait essuyer, se répandirent alors sur le territoire de la Nouvelle-France, ravageant les nouveaux établissements, massacrant sans merci, sous les murs mêmes de Québec, et en dépit des traités, des familles entières de colons sans défense. Mais, en 1662, grâce aux mesures énergiques qui furent prises par M. Voyer d'Argenson, alors gouverneur du Canada, cette tribu guerrière se vit obligée de rentrer dans ses limites, après avoir signé un traité de paix.

En 1663, la Compagnie des Cent Associés fut dissoute.

Les administrations civiles et militaires, complètement concentrées jusque là entre les mains des gouverneurs, en dépit de certaines modifications qui avaient été faites en 1647 dans le mode du gouvernement, mais dont ils n'avaient jamais tenu compte, subirent alors des changements importants.

Une nouvelle constitution, due à l'initiative de Colbert, ministre de Louis XIV, établissait un Conseil souverain composé : du gouverneur, du titulaire ecclésiastique le plus élevé du pays, de l'intendant et de cinq conseillers. Ce conseil, revêtu des mêmes pouvoirs que la Cour souveraine en France, à cette époque, avait, en sa qualité administrative, le droit de disposer des deniers publics et de faire tous les règlements relatifs au commerce intérieur, et, en sa qualité judiciaire, les pouvoirs les plus étendus qui pussent être conférés à un tribunal colonial. Le Gouverneur avait la direction des affaires extérieures, le commandement des forces militaires et représentait l'autorité royale. À l'Intendant était dévolue la haute surveillance sur toutes les questions se rattachant à la justice, à la police, aux finances et aux travaux publics. Les Conseillers jugeaient les procès de peu d'importance et veillaient à l'exécution des décisions du Conseil. Les *Coutumes de Paris* firent loi devant les tribunaux civils qui furent établis à Québec, Montréal et Trois-Rivières.

De son côté, l'administration ecclésiastique subissait de très notables changements. Mgr de Laval-Montmorency, évêque de Pétrée, fut envoyé au Canada pour y remplir la charge de vicaire apostolique. Il arriva le 16 juin 1659 et fixa à Québec son siège épiscopal. Les membres du clergé qui, étant considérés jusqu'alors comme missionnaires, n'étaient soumis à aucun règlement particulier, furent astreints à des règles plus uniformes. Enfin, des paroisses furent établies et des curés furent nommés pour les desservir.

Dès 1663, Mgr de Laval fondait le Séminaire de Québec auquel il adjoignit, cinq ans après, un petit séminaire. Cette maison a donné naissance, près de deux siècles plus tard, à l'Université Laval, considérée à juste titre comme une des institutions d'instruction supérieure les plus importantes du continent américain. La même année, les Sulpiciens, établis à Montréal depuis déjà six ans, devinrent, en vertu d'une charte qui leur fut conférée par le roi de France, les administrateurs et les suzerains de l'île de Montréal.

Les dissensions qui éclatèrent bientôt parmi les membres du Conseil souverain, nécessitèrent de nouvelles modifications dans le mode du gouvernement.

En 1665, on dut remplacer le Conseil souverain, tel que constitué, par un autre se composant d'un gouverneur-général de toutes les possessions françaises en Amérique, portant le titre de vice-roi, d'un gouverneur pour chaque province et d'un intendant-général. Ce nouveau système administratif fut inauguré avec le marquis de Tracy comme vice-roi, M. de Courcelles comme gouverneur de la Nouvelle-France, et M. Talon comme intendant-général.

Pendant, l'administration du marquis de Tracy,

le seul des vice-rois qui ait visité la Nouvelle-France, où il débarquait le 30 juin 1665, la colonie naissante fit des progrès relativement rapides. Il fut puissamment aidé par M. Talon qui fut le mieux intentionné et le plus remarquable, sous le rapport administratif, de tous les intendants qu'a eus le Canada et qui tourna tous ses efforts vers le développement de l'agriculture et de l'industrie.

Le nouveau vice-roi était accompagné de vingt-quatre compagnies du régiment de Carignan, qui revenait de Hongrie où il s'était fort distingué pendant la guerre contre les Turcs. Il emmenait aussi avec lui un certain nombre de bœufs et de moutons et les premiers chevaux * qu'on eût encore vus au Canada.

Dès que le marquis de Tracy se fut rendu un compte exact de la situation, il décida de pousser avec vigueur la guerre contre les Iroquois qui continuaient leurs déprédations. Il fit construire un certain nombre de petits fortins pour mettre un obstacle aux incursions des sauvages et servir, à l'occasion, de refuge aux colons. Puis, à la tête de forces relativement imposantes, il marcha à la rencontre des Iroquois qui, après avoir vainement tenté de lui résister, se virent bientôt dans la

---

* On assure cependant que le gouverneur de Montmagny en avait fait venir un de France,

nécessité de signer un nouveau traité, le seul qui eût quelque durée, puisqu'il donna seize années de paix à la colonie.

La petite vérole, qui fit plus pour la destruction des races aborigènes de l'Amérique du Nord que ne l'auraient pu faire toutes les armées du roi de France réunies, sévit d'une manière particulièrement rigoureuse vers cette époque. Dans l'espace de quelques années, en 1670 spécialement, des tribus entières disparurent frappées par le fléau terrible qui dépeupla, presque complètement, la partie nord du Canada.

De 1672 à 1682 la colonie fut administrée par le comte de Frontenac qui fut rappelé en France à la suite de certains démêlés avec les autorités religieuses.

Sous l'administration de M. de la Barre, marin habile mais administrateur médiocre, nommé, en 1682, gouverneur de la Nouvelle-France, les Iroquois menacèrent de nouveau l'existence de la colonie. Poussés en sous main par les émissaires de l'Angleterre, ils devinrent plus audacieux qu'ils n'avaient jamais été, et le plus souvent cependant leurs déprédations restaient impunies. Il n'y avait qu'une voix dans la colonie pour blâmer la mollesse de ce gouverneur, qui dut bientôt se retirer devant le mécontentement général.

Malheureusement, son successeur, M. de Denonville, ne se montra guère plus énergique et ne sut pas profiter des avantages assez considérables qu'il avait remportés, quelque temps après son arrivée, sur ses sauvages ennemis. Il s'endormit dans une fausse sécurité, trompé par la tranquillité apparente que lui avaient gagnée les succès de son expédition.

Ce fut sous l'administration de ce gouverneur qu'eut lieu un des épisodes les plus sanglants de ces époques de guerres sans merci. Dans la nuit du 5 au 6 août 1689, nuit terrible qui a fait donner à cette année le nom d'*année du massacre*, quatorze cents guerriers Iroquois traversent le fleuve Saint-Laurent, pendant un orage effroyable qui favorise leur projets, débarquent en silence sur l'île de Montréal, cernent les maisons des colons sans défiance, et, à un signal donné, commencent leur œuvre de carnage. Rien ne fut épargné ; hommes, femmes et enfants furent impitoyablement égorgés à la lueur de leurs maisons en flammes. Puis, ces hordes sauvages se répandirent au milieu des populations des campagnes terrifiées, tuant, saccageant, brûlant tout sur leur passage, pour ne se retirer, impunies, que vers le milieu du mois d'octobre.

Cette violation manifeste du droit des gens et

de la foi des traités, fut le prélude d'une guerre qui éclata la même année entre les colonies française et anglaise de l'Amérique du Nord ; guerre inégale, s'il en fut, puisqu'à cette époque, la Nouvelle-Angleterre possédait déjà une population de 200,000 âmes au moins, tandis que la Nouvelle-France comptait 15,000 habitants à peine. De plus, pendant que les Anglais devaient attendre des secours effectifs des Iroquois, les ennemis naturels des Français, ceux-ci ne pouvaient espérer aucune aide de leurs anciens alliés, les Hurons, décimés par les dernières guerres qu'ils avaient eu à soutenir.

Néanmoins, grâce à la fermeté dont fit preuve le comte de Frontenac, successeur de M. de Denonville, qui revenait en 1689, pour la seconde fois, occuper la charge de gouverneur de la Nouvelle-France, les chances de cette campagne, guerre de représailles et d'extermination de part et d'autre, dans laquelle les Iroquois faisaient leur partie, furent souvent partagées.

Dans le cours de l'hiver 1690, M. de Frontenac prépara une expédition contre les établissements de la Nouvelle-Angleterre, dont les habitants poussaient les Iroquois à des actes d'hostilité continuels contre les Français. Il divisa son armée en trois corps ; l'un, organisé à Québec, sous le commandement de M. de Portneuf, se composait de cinquante Français et d'une soixantaine de sauvages ; un autre, levé à Montréal, placé sous les ordres de MM. de Saint-Hélène, d'Ailleboust et d'Iberville, comptait cent quatorze Français et quatre-vingt-treize sauvages ; le troisième, formé à Trois-Rivières, n'était composé que de vingt-sept Français et de vingt-cinq sauvages commandés pas M. de Hertel. Cette campagne fut heureuse. Portneuf assiégea et prit Casco (aujourd'hui Portland) dans l'état du Maine ; le corps de M. de Saint-Hélène saccagea Corlar, riche bourgade de plus de quatre-vingts habitations, située à six lieues d'Albany, dans l'état de New-York ; enfin, M. de Hertel s'empara de Salmons, aujourd'hui Portsmouth, dans le New-Hampshire.

Les conséquences de cette expédition faillirent être fatales à la colonie française, car les colons de la Nouvelle-Angleterre décidèrent de prendre une revanche éclatante. Pendant qu'une armée, forte de trois mille hommes, sous les ordres du général Winthrop, se dirigeait sur Montréal, l'amiral Phipps, après avoir pris Port-Royal et conquis l'Acadie, venait, le 16 octobre 1690, mettre le siège devant Québec avec une flotte de sept vaisseaux montés par deux mille hommes.

Après avoir bombardé la ville, sans succès, pendant plusieurs jours, désespérant de s'en rendre maître par la force, il essaya d'employer la ruse. Pendant qu'il faisait faire ostensiblement tous les préparatifs de la levée du siège, il opérait clandestinement une descente à quelques milles de la ville, dans le but de surprendre les assiégés du côté de la terre. Mais, surpris lui-même et attaqué à l'improviste par un bataillon canadien, l'amiral Phipps dut rejoindre précipitamment ses vaisseaux, abandonnant toute son artillerie de campagne sur le rivage et laissant plus de six cents morts sous les murs de Québec. De plus, en regagnant la pleine mer, la flotte anglaise fut assaillie, dans le golfe Saint-Laurent, par une tempête furieuse dans laquelle la plupart des vaisseaux se perdirent corps et biens. Ceux qui restèrent, à moitié désemparés, ne regagnèrent qu'à grand'peine le port de Boston d'où l'expédition était partie.

D'un autre côté, l'armée de Winthrop, décimée par la petite vérole, avait été obligée de retourner sur ses pas sans avoir réussi.

Profitant du désarroi dans lequel le succès inespéré de cette campagne avait jeté l'ennemi, M. de Frontenac décida de prendre l'offensive à son tour. Il donna le commandement des armées franco-canadiennes à M. d'Iberville, gentilhomme canadien, que sa bravoure et ses exploits dans différentes expéditions contre les Anglais et les sauvages ont fait surnommer le *Cid du Canada*. *

Ce général, après plusieurs combats toujours heureux, sur terre et sur mer, débarqua sur l'île de Terre-Neuve, dans l'été de 1696, et se fit ouvrir les portes de Saint-Jean, capitale de l'île, après avoir pris d'assaut les forts qui protégeaient la ville.

Puis, dans le mois de mai de l'année suivante, il s'emparait des forts de la baie d'Hudson, qui redevenait ainsi possession française.

Le traité de Ryswick, signé le 20 septembre 1697 entre la France et l'Angleterre, mit fin aux hostilités.

Le traité assurait aux deux nations, respectivement, les territoires qu'elles possédaient avant la guerre, à l'exception de la baie d'Hudson qui restait à la France.

Grâce à l'intervention d'un chef huron, nommé Kondiaronk, ou le Rat, qui, par la supériorité de son intelligence, avait acquis une influence considérable sur toutes les tribus indiennes du pays, un projet de paix fut arrêté, le 8 septembre 1700,

---

* M. d'Iberville, après avoir fondé la Louisiane, en 1701, mourut à la Havane, en juillet 1706, commandant du vaisseau le *Juste*, de la marine française.

entre les aborigènes et le gouvernement colonial
français, à la tête duquel se trouvait alors M. de
Callières, qui avait remplacé M. de Frontenac, mort
en 1698. Malgré tous les efforts des émissaires
de la Nouvelle-Angleterre pour faire cesser la
bonne harmonie qui existait depuis lors entre les
Français et les indigènes, ce traité dont les bases
avaient été jetées par M. le Frontenac, peu de
temps avant sa mort, fut définitivement ratifié le
4 août 1701 par les délégués de toutes les tribus.
La hache de combat qui avait, pendant de longues
années, laissé de si sanglantes traces de la baie
d'Hudson au golfe du Mexique, fut enterrée, selon
la coutume indienne, avec tout le cérémonial usité
en pareille circonstance.

Au milieu des combats continuels que les colons
de la Nouvelle-France avaient à soutenir pour
conserver à la mère-patrie ses possessions perdues
sur l'immensité du Nouveau-Monde, il se trouvait
des hommes patriotiques et entreprenants qui, non
contents de combattre pour elle, exposaient tous
les jours leur vie pour étendre son influence morale.

Champlain fut le premier qui, dès 1609, explora
le lac Champlain et la rivière Richelieu; en 1613,
la rivière Ottawa; en 1615, les lacs Huron, Ontario
et Nipissing, et la partie du pays qui forma plus

tard le Haut-Canada. En 1646, le père Dablon remontait le Saguenay, le père Druillettes parcourait les rivières Chaudière, Kénébec, et en 1647, le père de Quen découvrait le lac Saint-Jean.

Dès 1634, Nicolet visitait le Wisconsin et se rendait vers 1639 jusqu'au Mississipi qui ne fut exploré que trente ans après, en 1673, par Jolliet et le père Marquette. * Ces derniers durent laisser eux-mêmes à Cavelier de la Salle le soin de continuer leur œuvre et l'honneur de doter la France, en 1682, des fertiles régions auxquelles il donna le nom de Louisiane.

La colonie jouissait, depuis quatre ans à peine des douceurs de la paix que devait lui assurer le traité de Ryswick, quand la guerre de la succession d'Espagne, dans laquelle l'Angleterre se trouva encore une fois engagée contre la France, éclata en Europe. Naturellement, le contre-coup s'en fit ressentir sur le continent américain et les hostilités recommencèrent de nouveau entre les colonies anglaises et la Nouvelle-France. Quoique moins désastreuses pour le Canada que ne l'avait été la guerre de 1687, quoique les avantages

---

* Le père Marquette, épuisé par les fatigues du voyage, mourut le 19 mai 1675, à l'âge de trente-huit ans, au milieu des bois, sur les bords de la rivière Michigan, tandisque son compagnon revenait à Québec rendre compte de leur expédition.

fussent souvent du côté des Français, cette nouvelle reprise d'armes eut pour effet d'affaiblir davantage encore la colonie française qui, peu soutenue par la mère-patrie, était épuisée déjà par les luttes incessantes qu'elle avait eu à soutenir. Après une série de succès et de revers presque également partagés, cette guerre se termina, en 1713, par le traité d'Utrecht, par lequel la France abandonnait à l'Angleterre le territoire de la Baie d'Hudson et l'Acadie.

Le gouvernement français crut pouvoir se dédommager de l'abandon qu'il venait de faire de l'Acadie, en attirant l'émigration sur l'île du Cap-Breton qui ne lui avait pas été enlevée par le traité d'Utrecht. Il espérait que les colons établis dans les provinces concédées à l'Angleterre, s'empresseraient d'abandonner leurs propriétés pour venir se fixer sur cette terre restée française. Mais, à peu d'exceptions près, ces prévisions ne se réalisèrent pas, et la France, de ce côté, ne put compenser les pertes qu'elle avait faites.

En 1722, quoique la population du Canada eût sensiblement augmenté, puisqu'on l'évaluait alors à environ 25,000 âmes, l'agriculture était encore peu prospère, l'instruction du peuple avait été complètement négligée et les finances se trouvaient dans un état déplorable.

M. de Vaudreuil, qui avait succédé à M. de
Callières, mort en 1703, pensa qu'il était nécessaire de faire subir quelques changements à l'organisation intérieure de la colonie. En conséquence, il ordonna la révision des lois civiles et
criminelles, établit des maîtres d'école dans les
endroits les plus peuplés et divisa le pays en
quatre-vingt-deux paroisses, dont quarante-huit
sur la rive gauche du Saint-Laurent et trente-
quatre sur la rive droite. Malheureusement ce
gouverneur, qui unissait à la plus grande fermeté
des qualités inappréciables comme administrateur, mourut en 1725, laissant son œuvre incomplète. Sous son administration les Canadiens
remportèrent des succès assez marqués, tant sur
les indigènes que sur les Anglais de la Nouvelle-
Angleterre ; mais, presque toujours, leur petit
nombre les empêchait de conserver les avantages
conquis. Ce fut sous son gouvernement qu'eut
lieu la malheureuse tentative dirigée sur Québec
par la Nouvelle-Angleterre. L'amiral Walker qui
était à la tête de l'expédition s'embarquait à Boston,
le 30 juillet 1711, avec 6,500 hommes. Vers les
Sept-Iles, le 14 août, sa flotte enveloppée par une
brume épaisse fut assaillie par une tempête d'une
violence extrême pendant laquelle huit vaisseaux
allèrent se briser sur l'île aux Œufs, où pas moins

de neuf cents hommes, tant officiers que soldats, perdirent la vie. A la suite de cette catastrophe, l'amiral crut qu'il était prudent de rebrousser chemin.

Après la mort de M. de Vaudreuil, M. de Longueuil, déjà gouverneur de Montréal, remplit l'intérim jusqu'à l'arrivée du marquis de Beauharnois qui eut lieu à la fin d'août 1726.

On doit surtout tenir compte au nouveau gouverneur des efforts qu'il fit pour répandre l'instruction dans les campagnes. Pour suppléer au défaut d'instituteurs, il fit venir, en 1737, plusieurs frères des Ecoles chrétiennes.

La Nouvelle-France devant, comme toujours, subir les conséquences de la guerre qui éclatait de nouveau entre la France et l'Angleterre en 1743, M. de Beauharnois se prépara à y faire face. Quoiqu'il ne pût réunir que 11,285 miliciens, * il sut tirer avantageusement parti de ces faibles ressources et fit plusieurs expéditions heureuses tant contre la Nouvelle-Angleterre que contre les indigènes. Mais en Acadie, où l'Angleterre avait porté tous ses efforts, il fut moins heureux, et Louisbourg, après un siège de quarante-neuf jours,

---

* Les forces militaires se trouvaient alors ainsi réparties : A Québec 5,579; Montréal 4,647; Trois-Rivières 1,059.

tombait, le 17 juin 1745, entre les mains des Anglais. Quand, ayant été remplacé par le comte de la Galissonnière, qui débarquait à Québec le 19 septembre 1747, il dut retourner en France, M. de Beauharnois fut accompagné des regrets de toute la colonie.

Esprit pénétrant et possédant une instruction très soignée, M. de la Galissonnière, qui prit la place du marquis de la Jonquière, fait prisonnier par les Anglais le 3 mai 1746, quand il venait prendre l'administration de la Nouvelle-France, dont il avait été nommé gouverneur, fit tous ses efforts pour tirer le meilleur parti possible des ressources naturelles du pays. Le traité d'Aix-la-Chapelle, signé en 1748, ayant remis encore une fois les choses dans leur état primitif, il travailla activement à consolider l'influence française sur le continent américain.

M. le marquis de la Jonquière, ayant été remis en liberté, après deux ans de captivité en Angleterre, était déjà très âgé quand il prit, le 2 septembre 1749, possession de son gouvernement qu'il ne garda pas trois ans. Sous son administration le trafic du ginseng prit une extension considérable. Ce gouverneur, qui possédait de grandes qualités administratives, mourut le 17 mars 1752, et fut enseveli en grande pompe dans l'église des Récollets où reposaient déjà les restes des gouverneurs de Frontenac et de Vaudreuil.

Charles LeMoyne de Longueuil, * depuis 1749 gouverneur de Montréal, prit, en sa qualité de plus ancien officier, l'administration de la colonie. Il espérait être nommé gouverneur-général, mais il dut remettre le pouvoir au marquis Duquesne de Menneville, qui arriva à Québec en juillet 1752.

Homme très énergique, le nouveau gouverneur s'occupa d'abord de rétablir la discipline qui s'était considérablement relâchée, pendant les dernières années, dans l'armée canadienne ; mais il eut souvent à se heurter, dans l'accomplissement de la tâche qu'il s'était imposée, contre le mauvais vouloir de l'intendant Bigot à qui on peut attribuer, en grande partie, la responsabilité des évènements qui ont amené la cession du pays à l'Angleterre.

La Nouvelle-France ne comptait guère alors que treize mille hommes en état de porter les armes. Avec des forces aussi insuffisantes comparées à celles que pouvaient leur opposer alors le gouvernement britannique et les possessions de la Nouvelle-Angleterre, le marquis Duquesne se prépara néanmoins à entrer en campagne, et, se diri-

* Charles LeMoyne, deuxième baron de Longueuil, né à Longueuil le 19 octobre 1687 de Charles LeMoyne et de Claude Elizabeth Souart, de Montréal, mourut le 17 janvier 1755.

ant vers l'Ohio, il s'emparait, le 3 juillet, 1754,
l fort Nécessité, défendu par Washington, le
ur fondateur de la république des Etats-Unis.
ais le 18 juin de l'année suivante, la prise du
t Beauséjour livrait l'Acadie au pouvoir des
nglais. Ceux-ci voyant qu'ils ne parviendraient
mais à arracher du cœur des Acadiens l'amour
u'ils avaient voué à la 'France, malgré tout ce
u'ils avaient déjà souffert à cause d'elle, décidè-
nt de les chasser de leurs foyers, afin de rester
uls maîtres du sol. Ils ne tardèrent pas à mettre
· projet à exécution, et, dans le cours de l'automne,
s embarquèrent un grand nombre de ces malheu-
ux sur leurs vaisseaux et les transportèrent sur
ifférents points des côtes de la Nouvelle-Angle-
rre ; les autres, frappés de stupeur, s'enfuirent
ans les bois, où beaucoup périrent de faim et de
roid.

Pendant que ces tristes évènements se passaient
n Acadie, le général anglais Braddock se prépa-
ait, de son côté, à envahir les établissements fran-
ais de l'Ohio. Il marchait à la tête d'une armée
e deux mille deux cents hommes contre le fort
uquesne défendu par M. de Contrecœur, quand,
e 3 juillet 1755, sur les bords de la rivière Mo-
ongahéla qu'il venait de traverser, il se trouva
out à coup en présence d'un petit corps de troupes

composé de deux cent vingt Français et de si
cent vingt sauvages, commandés par M. de Beauje
Alors, malgré la disproportion du nombre, eut lieu
quatre heures durant, un combat acharné, pendan
lequel M. de Beaujeu fut tué et le général Brad
dock * blessé mortellement, mais qui se termina pa
la déroute complète des Anglais qui laissèrent su
le champ de bataille treize cents hommes, cin
cents chevaux et treize pièces de campagne.

Mais, quelques mois plus tard, le général John
son, à la tête de cinq mille hommes, battait l
baron Dieskau qui avait accepté le combat ave
quinze cents hommes seulement, et s'emparait d
fort St-Frédéric situé sur la rive nord du la
Champlain.

M. de Vaudreuil, ¹ successeur du marquis Du
quesne qu'il avait remplacé, en juillet 1755, étai
gouverneur de la Nouvelle-France, quand le mar
quis de Montcalm y arriva comme lieutenant-
général des armées du roi. Ce général, qui fu
le dernier défenseur de la domination française
sur le continent américain, débarquait à Québe
au mois de mai 1756, escorté de deux bataillons
d'excellentes troupes dont les régiments de la

---

* Le Général Braddock mourut le 13 juillet des suites de ses bles-
sures.

1 Pierre Rigaud de Vaudreuil était né au Canada.

'arre et du Royal Roussillon faisaient partie. Il
tait accompagné du chevalier de Lévis, plus tard
maréchal de France, du colonel de Bourlamaque
t de Bougainville qui se fit, par la suite, un nom
i glorieux dans les annales maritimes françaises.

Montcalm se montra déterminé à poursuivre les
opérations militaires avec vigueur, et, moins de
rois mois après son arrivée, le 15 août, il prenait
Chouagen (Oswego), situé au sud-est du lac On-
ario, qui était considéré comme une des places
ortes les plus importantes des possessions anglaises.
l y fit seize cents prisonniers, s'empara de cent
reize canons, de cinq bâtiments de guerre et d'ap-
rovisionnements considérables, ne perdant que
rente hommes tant tués que blessés. Puis, l'année
suivante, le 5 août 1757, il mit le siège devant
le fort George (William Henry) qui, malgré une
garnison de trois mille hommes, était forcé de
capituler après six jours d'une défense vigoureuse.

Grâce à deux années de mauvaises récoltes
successives et aux exactions de Bigot, intendant
depuis 1748, dont le nom sera exécré tant qu'il
restera un descendant de la France sur la terre
d'Amérique, la population de la Nouvelle-France
souffrait de la plus affreuse disette. L'hiver de
1758-59 fut particulièrement rigoureux et le peu-

ple dut être réduit à une ration de deux onces de pain par jour.

Les Anglais, voyant l'état d'épuisement dans lequel était tombée la colonie, résolurent d'en finir et décidèrent d'attaquer à la fois, par Louisbourg dans la Nouvelle-Écosse, Carillon, sur le lac Champlain et le fort Duquesne, dans l'Ohio. Montcalm n'avait alors guère plus de six mille hommes à opposer aux armées du général Abercromby, fortes de cinquante mille soldats et de trente mille miliciens.

Louisbourg assiégé par l'amiral Boscawen avec vingt-quatre vaisseaux de ligne et douze mille hommes de débarquement, sous les ordres des généraux Amherst et Wolfe, dut se rendre, le 2 juin 1758, après une résistance opiniâtre de six semaines, pendant laquelle la femme du gouverneur, Mme de Drucourt, donna l'exemple aux soldats de la garnison.

Mais à Carillon le corps d'armée d'Abercromby devait subir un des échecs les plus sérieux de cette campagne. Le général anglais, pendant qu'il marchait sur le fort avec une armée de seize mille soldats, se trouva tout à coup arrêté, le 8 juillet, par Montcalm, Lévis et Bourlamaque, à la tête de trois mille hommes seulement. Après un combat acharné de quelques heures, pendant lequel les

Français ne perdirent que trois cent soixante-dix-sept des leurs, le général anglais dut lâcher pied, laissant cinq mille hommes sur le champ de bataille.

Le fort Duquesne qui n'avait qu'une garnison insuffisante, ayant été évacué à l'approche du général Forbes, qui venait en faire le siège avec six mille soldats, fut occupé par les Anglais qui changèrent son nom en celui de fort Pittsburg.

Le plan de campagne des Anglais pour l'année 1759 fut le même que celui des années précédentes ; il fut décidé encore une fois, que le Canada serait envahi par trois points différents. Ils mirent sur pied une armée de soixante mille soldats, c'est-à-dire plus nombreuse que la population tout entière du Canada qui ne comptait alors que 15,229 hommes en état de porter les armes. Cette armée fut divisée en trois corps qui devaient converger vers Québec, où le coup décisif devait être porté.

Le général Wolfe, avec vingt vaisseaux de ligne, huit mille hommes de débarquement et dix-huit mille marins, devait partir de Louisbourg pour se rendre devant Québec. Le second corps, composé de douze mille hommes, commandés par le général Amherst, devait marcher d'abord sur Montréal par le lac Champlain. Enfin le général Prideaux, à la tête de cinq à six mille hommes, après avoir pris le fort Niagara, devait descendre le fleuve et rejoindre les deux autres corps d'armée sous les murs de Québec.

Montcalm, Lévis et Bougainville attendirent Wolfe à Québec ; Bourlamaque partit avec deux mille six cents hommes pour tenter d'arrêter la marche du général Amherst, et le capitaine Pouchot, avec trois cents soldats seulement, fut envoyé pour défendre le fort Niagara.

Bourlamaque s'étant vu obligé d'évacuer le fort Carillon, le 20 juillet, se replia sur l'île aux Noix où il tint le général Amherst en échec ; le capitaine Pouchot défendit vaillamment le fort Niagara attaqué par le général Prideaux qui fut tué, le 25 juillet, en dirigeant les opérations du siège, et ne le rendit qu'à la dernière extrémité, le 26 juillet, après avoir fait sauter ses magasins de munitions.

Mais le gros de l'action devait avoir lieu sous les murs de Québec devant lesquels la flotte, portant l'armée du général Wolfe, était arrivée, le 27 juin. On tenta de protéger la ville qui, du côté de la campagne surtout, ne possédait que des fortifications tout-à-fait insuffisantes, par un camp retranché s'étendant de la rivière St-Charles aux chutes Montmorency.

Wolfe, après avoir pris connaissance des lieux, barqua une partie de son armée sur l'île d'Or— ans et occupa, avec le reste, les alentours de —vis, d'où il bombarda la ville, tandis qu'il ex— diait des détachements qui ravageaient les cam— gnes environnantes.

Voyant que les généraux français paraissaient —idés à rester sur la défensive, Wolfe résolut de r— leurs retranchements du côté du saut Mont— —ency. Le 31 juillet il ouvrit l'attaque avec —dix-huit pièces de canon ; les Français n'en —ent que dix pour y répondre. Vers le soir, à —de six mille soldats, le général anglais s'é— —ait à la bayonnette pour rompre les lignes —aises, mais il fut reçu par une décharge de —usqueterie tellement meurtrière qu'il dut re— —ter précipitamment, laissant six cents hommes —r le terrain. Après cet échec, mais ayant con— —ance dans sa force numérique, Wolfe décida de —endre Québec sans plus tarder. Après avoir —ompé, par une série de manœuvres habiles, —ugainville qui avait été chargé de surveiller —s opérations, grâce aussi à l'incurie ou à la tra— —son du capitaine de Vergor, commandant du —ste du Cap-Rouge, il parvint à débarquer, —ns la nuit du 12 au 13 septembre, à l'Anse au —oulon. Au point du jour, le 13 au matin, l'armée anglaise se trouvait rangée en bataille sur les Buttes-à-Neveu, aux portes mêmes de la ville.

Montcalm, en apprenant cette nouvelle, partit immédiatement de Beauport, où il était campé et avec 4,500 soldats épuisés par une longue marche, sans artillerie, vint offrir le combat au général anglais qui l'attendait à la tête d'une armée d'environ 5,000 soldats réguliers parfaitement reposés et rangés en bataille. Grâce à ces circonstances, la victoire ne fut pas longtemps indécise dans cette journée où on vit les commandants en chef des deux armées tomber, mortellement blessés, sur le même champ de bataille.* Les Français durent bientôt céder, et cette défaite des plaines d'Abraham, cause de la reddition de Québec qui eut lieu quelques jours après, le 18 septembre, donna le coup de grâce à la domination française sur le continent américain.

M. de Lévis devenant, par la mort du marquis de Montcalm, général en chef des armées françaises au Canada, rassembla les débris épars de ses troupes et, dès le printemps de l'année suivante,

---

* En essayant de rallier ses troupes, Montcalm, deux fois blessé, fut atteint par un éclat d'obus dont il mourut le lendemain matin sur les cinq heures. Il fut inhumé dans la chapelle du couvent des Ursulines.

Le général Wolfe avait été tué quelques instants auparavant, sur le champ de bataille, en chargeant à la tête de ses troupes.

le 28 avril 1760, prit sur ces mêmes plaines d'Abraham, à Ste-Foye, une revanche éclatante de la défaite de l'année précédente.

Après un combat homérique de quelques heures, pendant lequel les deux armées firent des prodiges de valeur, les Anglais lâchèrent pied et se refugièrent derrière les murs de Québec, laissant sur le champ de bataille, plus de mille hommes et toute leur artillerie.

Alors, comptant sur les secours qu'il avait fait demander en France, et espérant les recevoir d'un jour à l'autre, M. de Lévis mit le siège devant la ville. Mais, au lieu des renforts qu'il attendait, il aperçut, le 15 mai, les voiles d'une flotte anglaise considérable remontant le fleuve Saint-Laurent. La résistance devenait plus que jamais impossible, et le général canadien vit qu'il lui fallait céder devant la coupable indifférence de la cour de Versailles plus encore que devant les forces supérieures de l'ennemi.

Les généraux anglais dirigèrent alors toutes leurs troupes sur Montréal qui n'était pas encore tombée entre leurs mains. Cette ville, défendue par une garnison de trois mille cinq cents hommes seulement, assiégée par les trois armées réunies de Murray, Amherst et Havilland, représentant un effectif d'environ vingt mille hommes, dut capituler, le 8 septembre 1760, malgré la défense énergique de MM. de Vaudreuil et de Lévis.

Les débris de l'armée française au Canada durent donc déposer les armes. L'heure était sonnée où les vaillants pionniers qui avaient fondé une nouvelle France sur le continent américain, allaient être condamnés à vivre désormais à l'ombre d'un drapeau étranger et jusqu'alors ennemi.

C'en était fait; le drapeau anglais, flottant sur la fière citadelle de Québec, à la place de celui que Champlain y avait fixé plus d'un siècle et demi auparavant, disait assez que l'ère de la domination française dans le Nouveau-Monde était à jamais finie.

Par le traité de Paris, signé le 10 février 1763, Louis XV cédait définitivement à l'Angleterre les quelques *arpents de neige* qui avaient déjà bu tant du sang le plus pur de la France.

LE CANADA SOUS LA DOMINATION ANGLAISE

—

On a trop souvent flétri les débordements scandaleux du roi qui régnait alors sur la France, pour qu'il soit nécessaire de renchérir encore sur les actes d'une politique qui a amené tant de funestes et irrémédiables résultats. Ce n'est pas le peuple français que l'on doit tenir responsable du honteux abandon de la plus fidèle de ses colonies, c'est à des ministres captés par des courtisanes vendues à l'Angleterre qu'il faut en demander compte.

Quoi qu'il en soit, malgré les stipulations expresses contenues dans la treizième clause du traité de Paris, par laquelle la France cédait à la Grande-Bretagne tous ses droits sur ses colonies de l'Amérique du Nord, stipulations qui garantissaient l'exercice de leur religion et de leurs lois aux 65,000 colons d'origine française disséminés sur le vaste territoire abandonné, les représentants de

2*

l'Angleterre traitèrent souvent leur nouvelle possession en pays conquis et ne tardèrent pas à profiter de tous les avantages que donne le droit de conquête.

Quoique le pays fût complètement pacifié et tranquille, le Canada fut immédiatement soumis aux rigueurs du régime militaire, sans gouvernement établi, sans lois régulières, de 1760 à 1763, sous le commandement du général Amherst et sous celui des généraux Murray et Carleton, qui l'administrèrent de 1763 à 1774. Les lois françaises furent abolies et on y substitua celles alors en vigueur dans le royaume britannique.

Ce gouvernement, par trop arbitraire, fut quelque peu modifié et devint, en 1774, *gouvernement civil absolu*, sous l'administration du gouverneur Carleton, en vertu de " l'Acte de Québec " qui assurait aux catholiques le libre exercice de leur religion, les dispensait du serment du *test*, * auquel tous les habitants de la colonie étaient soumis, et rétablissait l'usage des lois civiles françaises. Il créait aussi un conseil législatif composé de dix-sept membres au moins et de vingt-trois au plus.

* Le serment du Test, établi par une loi du parlement anglais en 1673, obligeait tous les officiers de l'armée et les fonctionnaires à déclarer qu'ils ne croyaient pas à la transubstantiation. En 1678, on y ajouta une nouvelle déclaration réprouvant le culte de la Vierge et des Saints.

Sous le nouveau régime, les Canadiens réclamèrent inutilement l'exercice de la plupart des privilèges qui leur avaient été reconnus : ainsi, sur les vingt-trois conseillers législatifs qui furent nommés, un tiers seulement appartenait à la nationalité canadienne-française.

Par contre, tous les moyens furent tentés par les représentants de la Grande-Bretagne pour substituer la religion, les lois et les coutumes anglaises aux traditions léguées par la France aux habitants du pays.

Mais les chefs du parti français, au Canada, résistèrent toujours énergiquement, soit aux prétentions tyranniques de leurs nouveaux maîtres, soit aux fallacieuses promesses qui leur étaient faites par les émissaires du gouvernement métropolitain, comme prix de l'abandon de la cause patriotique qu'ils avaient entrepris de soutenir.

Au plus fort de cette lutte morale de la vitalité nationale française contre l'esprit absorbant de la race anglo-saxonne, les anciennes possessions britanniques de l'Amérique du Nord se préparaient à secouer un joug qui commençait à leur paraître trop lourd.

Le gouvernement anglais ayant paru oublier que la Nouvelle-Angleterre était peuplée d'hommes qui avaient été chercher, dans les forêts du Nouveau-Monde, des libertés qui leur semblaient insuffisantes dans la mère-patrie, avait, en voulant restreindre subitement certaines immunités commerciales dont elle avait joui jusqu'alors, porté une grave atteinte à la prospérité naissante de la colonie.

Le 4 juillet 1776, la Nouvelle-Angleterre levait ouvertement l'étendard de la révolte, et Washington, à la tête d'une armée improvisée, au premier rang de laquelle vinrent bientôt se ranger Lafayette et Rochambeau, proclamait l'indépendance de ses compatriotes ; il jetait dès lors les bases de la grande nation qui, en moins de cent ans, est devenue, à certains points de vue, l'égale des premières puissances européennes et la rivale commerciale de son ancienne métropole.

Le moment était tout-à-fait propice ; cependant, en dépit de toutes les vexations qu'ils avaient eu à subir, malgré les appels réitérés que leur firent leurs voisins révoltés pour les amener à prendre part au mouvement d'émancipation dont les chances de succès s'affermissaient tous les jours davantage, les Canadiens-Français restèrent fidèles à la Couronne britannique et à la foi du traité par lequel ils étaient devenus ses tributaires. On les vit non seulement refuser la liberté qui leur était offerte, mais aider **même** les armées anglaises à repousser de leur territoire les troupes rebelles qui l'avaient envahi. Québec, assiégé pendant près de cinq mois par les armées des généraux américains Montgomery et Arnold, repoussait un assaut vigoureux qui fut tenté dans la nuit du 30 au 31 décembre 1775, pendant lequel le premier des deux chefs fut tué et l'autre grièvement blessé.

Voyons comment les représentants de l'Angleterre, au Canada, à cette époque, récompensèrent tant de loyauté et d'abnégation.

La terre n'avait pas encore bu tout le sang des braves tombés victimes de leur soumission à la Constitution anglaise, que déjà le Conseil Législatif, au deux tiers composé d'éléments anglo-saxons, passait, en 1777, des lois qui obligeaient tous les habitants au service militaire, pendant un temps indéfini et imposaient au peuple les corvées les plus lourdes, telles que, par exemple, l'obligation de cultiver les terres de ceux qui étaient à l'armée.

Le général Haldimand, qui remplaça le gouverneur Carleton et administra le Canada de 1778 à 1786, se fit remarquer par une sévérité excessive qui le rendit odieux à tous les Canadiens-Français.

Quand le gouvernement britannique eut reconnu, par le traité du 3 septembre 1783, l'indépendance de ses anciennes colonies et fut débarrassé des difficultés sérieuses que lui avait suscitées la guerre qu'il venait de soutenir contre la nouvelle république, lord Dorchester, qui avait succédé, en 1786, au général Haldimand, songea à reprendre plus activement que jamais l'œuvre d'anglification qu'il avait entreprise. Il sut exploiter habilement les préjugés de la population anglaise, tout fraîchement renforcée par l'arrivée d'un assez grand nombre d'anciens colons de la Nouvelle-Angleterre, qui, ayant pris fait et cause pour le gouvernement métropolitain pendant la guerre d'émancipation, avaient préféré venir vivre au Canada à l'abri des institutions britanniques.

Un instant assoupie, l'animosité sourde qui régnait depuis longtemps déjà et subsistait à l'état latent entre les représentants des deux races, se réveilla tout-à-coup ; on ne tarda pas à constater dans la colonie les malheureux effets de ces rivalités nationales.

Malgré son infime minorité, le parti anglais, se sentant fortement appuyé par le gouverneur, ne recula plus devant aucune prétention.

Mais ce projet d'annihilation de la race française, qui fut l'idée persistante de lord Dorchester et de plusieurs de ses successeurs, vint toujours échouer contre l'attitude ferme et patriotique de ceux qui, à différentes époques, s'en sont constitués les défenseurs et les gardiens.

Voyant qu'il n'y avait rien à espérer du système de rigueur mis en pratique par lord Dorchester, et comprenant qu'il serait dangereux désormais, en raison du voisinage des Etats-Unis, de pousser les Canadiens-Français aux dernières limites de l'exaspération, le gouvernement anglais espéra en arriver plus aisément à ses fins, en employant d'autres moyens.

Sous prétexte de mettre un terme à l'esprit d'antagonisme qui existait entre les habitants des deux origines, le Parlement métropolitain, pendant la session de 1791, divisa la colonie en deux provinces : le Haut et le Bas-Canada ; il accorda aux Anglais une prépondérance réelle dans la première, et ne laissa qu'une suprématie factice aux Canadiens-Français dans la seconde. La nouvelle constitution accordait au Bas-Canada un Conseil législatif composé de quinze membres nommés à vie par la Couronne, et une assemblée législative de cinquante députés élus par le peuple.

La Chambre haute, recrutée naturellement parmi les créatures du gouvernement, était investie du privilège de rejeter toute loi de la législature élective qui n'entrerait pas dans ses vues.

Le Canada, qui n'avait guère que soixante-cinq

mille âmes, lors de la cession à l'Angleterre, n'en comptait alors pas moins de cent trente-cinq mille, dont quinze mille à peine étaient d'origine anglaise. Sur cette population déjà considérable, le Haut-Canada, habité exclusivement par des représentants de la race anglo-saxonne, n'avait que dix mille habitants tout au plus.

Malgré l'énorme disproportion numérique qui existait entre les deux nationalités, le bureau colonial n'en nomma pas moins, pour le Bas-Canada, neuf conseillers législatifs anglais, contre six seulement d'origine française.

D'un autre côté, le parti anglais réussit à occuper seize sièges dans la nouvelle assemblée législative, à la suite d'élections générales qui eurent lieu dans le cours du mois de juin 1792. Attribuant ce succès inespéré à la faiblesse ou à la crainte, les membres de la minorité poussèrent la prétention jusqu'à vouloir asseoir un des leurs dans le fauteuil présidentiel de la nouvelle Chambre. Mais la majorité des députés élus par le suffrage populaire était décidée à ne s'en laisser imposer par aucune considération et à se prévaloir de tous les avantages que lui assurait le droit constitutionnel.

En dépit de toutes les influences qui furent mises en jeu pour faire échouer son élection,

M. Panet, un des hommes les plus distingués du parti canadien-français de cette époque, eut l'honneur d'être appelé, le 17 décembre 1792, à la présidence de l'assemblée législative du premier parlement du Bas-Canada.

Battue sur ce point, la majorité anglaise, forte de l'appui qu'elle attendait du bureau colonial, demanda que l'usage de la langue française fût aboli dans l'enceinte législative ; cette fois encore la majorité ne permit point que l'on portât atteinte à une de ses prérogatives les plus importantes, dont l'intégrité se trouvait garantie par le traité de 1763.

Le général Prescott succéda à lord Dorchester en 1796. Esprit inquiet et craintif, il réprimait les moindres fautes par les peines les plus sévères. Son rappel, qui eut lieu en 1799, fut accueilli avec satisfaction de toute la partie française de la population.

Malgré les échecs que leur attiraient sans cesse l'arbitraire et l'injustice de leurs prétentions, les députés anglais ne se rebutaient pas et en émettaient tous les jours de nouvelles. Ainsi, en 1800, sous l'administration du gouverneur Milnes, successeur du général Prescott, le gouvernement établissait une loi d'éducation qui avait pour effet de mettre l'instruction publique sous le contrôle exclusif des protestants. Les Canadiens-Français repoussèrent unanimement le nouveau système scolaire et laissèrent les écoles désertes.

La même année, les propriétés des Jésuites, dont l'existence légale n'était pas garantie par les traités, furent confisquées au profit de la Couronne.

Un journal anglais de Québec déclarait, vers cette époque, que le Bas-Canada avait déjà trop tardé à devenir anglais, et que le temps était venu où tous les moyens devaient être employés pour obtenir l'*anglification* complète de cette province. Les Canadiens, afin de pouvoir se défendre contre les attaques incessantes de cette feuille, décidèrent de fonder un organe qui représentât et soutînt les intérêts de la nationalité française. Le *Canadien*, fondé par les plus vigoureux et les plus patriotiques champions des intérêts nationaux de la race canadienne-française, parut pour la première fois en novembre 1806, à Québec, où il se publie encore actuellement.

Le journal, rédigé par ceux-là mêmes qui combattaient énergiquement à l'Assemblée Législative pour le maintien *des institutions, de la langue et des lois* canadiennes-françaises, devint entre leurs mains un instrument redoutable, toujours prêt pour la défense des libertés menacées de la nationalité française au Canada.

A la suite d'une session des plus orageuses, le gouverneur Craig, qui avait pris en 1807 l'administration des affaires, cassa le Parlement et, quelques jours après, fit saisir les presses du *Canadien* et emprisonner, le 17 mars 1810, MM. Bédard, Papineau, Taschereau et plusieurs autres des principaux chefs du parti français. Non content d'avoir accompli ces actes de rigueur, il envoya à Londres son secrétaire, M. Ryland, porteur d'une note où il conseillait au gouvernement métropolitain de prendre des mesures promptes et énergiques pour *anglifier et protestantiser* le pays ; il proposait aussi, pour faire face aux dépenses de l'administration, de confisquer les biens des Sulpiciens de Montréal.

Heureusement, le cabinet de Saint-James ne tint pas compte des objurgations de ce gouverneur, qui fut rappelé en 1811.

Sir George Provost, son successeur, mit un terme à cette administration despotique et capricieuse, qui avait fait donner au passage de sir James Craig au pouvoir la qualification ironique de *Règne de la terreur*.

Sir George Provost, aussi doux, affable et conciliant que son prédécesseur était arrogant, brutal et cassant, s'occupa, dès son entrée au pouvoir, de régler les difficultés provoquées par l'absolutisme de l'administration précédente, et d'étouffer, au moyen d'une direction adroite et prudente, les mécontentements qui régnaient partout. Aussi, amais gouverneur fut-il plus sympathique à la nationalité française.

Ce fut sous son administration, au mois de juin 1812, que la guerre éclata entre l'Angleterre et les Etats-Unis, dont les armées envahirent, encore une fois, le territoire canadien

Comme en 1775, les volontaires canadiens-français, enrégimentés à la hâte, firent bravement et loyalement leur devoir.

C'est pendant cette guerre, qui dura trois ans et se termina, le 24 décembre 1814, par le traité de Gand, que le colonel de Salaberry, dont le nom est resté légendaire dans le pays, défit à Chateauguay, le 36 octobre 1813, avec un détachement de trois cents recrues, un corps de l'armée américaine commandé par le général Hampton, composé de sept mille hommes environ.

Sous les gouverneurs Drummond, (de 1815 à 1816), Sherbrooke (de 1816 à 1818) Richmond (de 1818 à 1819) et Maitland (de 1819 à 1820), qui administrèrent successivement le Canada après le départ du regretté sir George Provost, qui eut lieu en 1815, les luttes de race et de religion recommencèrent avec plus d'acharnement que jamais.

Cette période très agitée au point de vue politique, national et religieux fut peu fertile en évènements dignes d'être mentionnés. Les seuls faits de quelque importance qui méritent d'être notés sont : la reconnaissance officielle de Mgr Plessis, comme évêque de Québec, et sa nomination comme membre du Conseil Législatif de la province, sous l'administration de lord Sherbrooke, qui espérait sans doute s'attirer par ce moyen les bonnes grâces du clergé catholique.

Dans ces jours de luttes, MM. Cuvillier, Quesnel, Viger, Neilson et Louis Joseph Papineau, qui venait d'être élu, à l'âge de vingt-six ans seulement, président de l'Assemblée Législative, soutenaient les droits de leurs compatriotes avec la même ardeur et le même patriotisme que leurs devanciers. Le parti anglais, loin de céder aucun de ses avantages, cherchait, au contraire, à empiéter constamment sur les rares privilèges, à peu près illusoires, que ses adversaires paraissaient posséder encore.

Cependant, l'agitation des Chambres, les sourds murmures de mécontentement qui se faisaient entendre parmi les populations des villes et des campagnes, laissaient voir que les Canadiens-Français commençaient à trouver trop lourd le joug sous lequel ils s'étaient courbés jusqu'alors. Une crise sérieuse était imminente.

Lord Dalhousie avait été élevé, en juin 1820, au poste de gouverneur-général de toutes les colonies de l'Amérique du Nord. Voyant que les moyens suggérés par le bureau colonial aux représentants de l'Angleterre, pour réduire le parti canadien-français, échoueraient toujours devant la ferme attitude des chefs appuyés sur la constitution alors en vigueur, il conseilla au cabinet de Saint-James de modifier cette constitution.

Accédant aux vues du gouverneur-général, le cabinet métropolitain décida de présenter un *bill* spécial à la Chambre des Communes pendant la session de 1822 ; ce projet de loi devait avoir pour effet de casser la Constitution de 1791, qui séparait le Bas et le Haut-Canada, et de réunir encore une fois ces deux provinces sous une même administration.

Cette loi devait donner au Haut-Canada une représentation relativement beaucoup plus considérable que celle accordée au Bas-Canada. Elle conférait aux membres d'un conseil législatif nommés par la Couronne le droit de prendre part aux débats de l'Assemblée Législative. Elle abolissait l'usage légal de la langue française ; enfin, elle restreignait considérablement les libertés reli-

gieuses et les privilèges concédés à l'Eglise-catho-
lique.

L'adoption de ce *bill* eût réduit les Canadiens-
Français à l'état d'asservissement auquel était
soumise alors la population de l'Irlande.

La nouvelle de l'introduction de ce projet de
constitution, dans le Parlement britannique, produisit une sensation profonde au Canada. Des
suppliques furent adressées de toutes les parties
du pays pour protester contre l'iniquité de cette
mesure, et MM. Papineau et Neilson furent délégués à Londres pour y porter les justes représen-
tations de la population canadienne, appuyées par
des pétitions couvertes de plus de soixante mille
signatures.

A la vue d'une manifestation aussi générale,
plusieurs des membres les plus influents de la
Chambre des Communes, en Angleterre, frappés
de la justice de ces réclamations, prirent en main
la cause des opprimés. Il en résulta qu'à la
suite d'une séance des plus orageuses, le gouvernement se vit dans l'obligation de retirer sa
motion, rejetée par la majorité de l'Assemblée à
la seconde lecture.

Malgré l'échec humiliant que le Parlement
anglais venait de lui faire subir, lord Dalhousie
ne se considéra cependant pas comme vaincu.

Battu sur le terrain politique, il tenta d'en arriver à ses fins en luttant sur le terrain religieux.

Peu de temps après sa déconvenue, il soumettait au bureau colonial un nouveau mémoire dans lequel il invitait les ministres à revendiquer, pour la Couronne, l'exercice d'un patronage ecclésiastique qui lui permît de nommer les curés catholiques, selon son bon plaisir. Cette nouvelle tentative échoua complètement.

De retour d'Angleterre, où il avait été passer quelques mois dans l'intention d'influencer les membres de la Chambre des Communes hostiles à la ligne de conduite qu'il avait jusqu'alors suivie, lord Dalhousie convoquait les Chambres canadiennes dans le courant de janvier 1826. Mais l'Assemblée Législative ayant, encore une fois, refusé de voter les subsides au gré du gouvernement, le Parlement fut cassé le lendemain de son ouverture. Cet acte arbitraire nécessitait des élections générales dans lesquelles le parti canadien-français remporta une victoire éclatante.

Le jour de la réunion des nouvelles Chambres, en 1827, M. Papineau ayant été élu président de l'Assemblée Législative, le gouverneur refusa de ratifier sa nomination, et le soir même, le parlement fut de nouveau dissout.

Des murmures menaçants s'élevèrent de tous

les points de la province à la nouvelle de cet abus d'autorité. Chacun comprenait que le bureau colonial, contrecarré dans ses desseins par le vote de la Chambre des Communes, cherchait des prétextes pour en revenir à son projet d'union.

De nouvelles requêtes exposant les griefs de la population française et couvertes de plus de quatre-vingt mille noms, furent adressées directement au roi d'Angleterre ; MM. Neilson, Viger et Cuvillier se chargèrent d'aller les déposer aux pieds du trône.

Sur ces entrefaites et afin de faciliter probablement le rétablissement de la concorde, lord Dalhousie fut transféré au gouvernement des Indes et remplacé, comme gouverneur du Canada, par sir James Kempt qui n'y resta que deux ans et eut pour successeur lord Aylmer, en 1830.

Quoique les vues de ces deux derniers gouverneurs fussent relativement modérées et plus acceptables, les Canadiens surexcités par les injustices auxquelles ils avaient été en butte antérieurement, ne voulurent faire aucune concession, ni tenir compte de celles qu'on était disposé à leur faire, les regardant comme insuffisantes.

Au milieu de ces débats entre la colonie et les mandataires de la métropole, survint un évènement regrettable dont l'effet fut de rendre nuls, désormais, les efforts de conciliation tentés par des hommes modérés des deux partis, qui, prévoyant les résultats funestes de ces luttes intestines, tentaient de calmer les esprits. Le 21 mai 1831, pendant une élection très chaudement contestée, à Montréal, entre deux candidats appartenant à chacun des partis alors en lutte, les troupes, appelées sous prétexte de maintenir l'ordre, tirèrent sur le peuple, tuèrent deux hommes et en blessèrent grièvement plusieurs autres. Que ce fût par l'effet du hasard ou de la préméditation, toutes les victimes de ce sanglant épisode se trouvèrent appartenir au parti canadien-français.

Au milieu de toutes ces luttes, le choléra éclata, pour la première fois, au Canada, et fit des ravages terribles dans les villes et les campagnes, particulièrement pendant les étés de 1832 et 1834. On estime qu'à Québec seul, en 1832, plus de trois mille personnes devinrent la proie du fléau.

Voyant que l'excitation du peuple atteignait aux dernières limites qui le séparaient de la révolte, les chefs du parti canadien, qui avaient toujours espéré vaincre le mauvais vouloir des membres du bureau colonial par des moyens constitutionnels, résolurent de tenter un dernier effort dans ce sens. A cet effet, l'Assemblée Législative, pendant la session de 1833-34, rédigea un manifeste dans lequel elle exposait, en quatre-vingt-douze paragraphes, tous les griefs de la colonie contre la métropole.

Dans ce document connu, dans l'histoire du Canada, sous le nom des *Quatre-vingt-douze résolutions*, les membres de la majorité se plaignaient amèrement, surtout de la manière dont le gouverneur lord Aylmer interprétait la Constitution. A la suite de cet acte agressif de l'Assemblée contre son administration, le gouverneur-général prorogea immédiatement les Chambres; il prétendait qu'en ayant appelé directement au gouvernement métropolitain, le pays n'avait plus qu'à se soumettre et à attendre la décision émanant de l'autorité souveraine.

La réponse à la requête que l'Assemblée Législative du Bas-Canada avait soumise au cabinet britannique n'arrivait pas.

D'un autre côté, les rumeurs qui traversaient l'Atlantique devenaient de plus en plus inquiétantes.

L'état de malaise qui se faisait sentir depuis longtemps, s'accentuait tous les jours davantage. Un assez grand nombre d'habitants d'origine britannique entraient dans le mouvement réformiste et grossissaient le groupe des mécontents. Pendant que dans le Parlement anglais la cause canadienne était habilement défendue par MM. Hume et O'Connell, les populations des Cantons de l'Est, parmi lesquelles on comptait un nombre assez considérable d'Anglais et d'Américains réfugiés des États-Unis, approuvaient la manière d'agir de l'Assemblée Législative dans des *meetings* où le gouvernement colonial était violemment attaqué. Bientôt, presque tous les comtés et les paroisses prirent part à ces démonstrations publiques qui avaient pour effet d'encourager les députés dans la ligne de conduite qu'ils avaient adoptée. Enfin, des pétitions couvertes de milliers de signatures et appuyant les demandes formulées dans les *quatre-vingt-douze résolutions*, étaient expédiés à Londres de toutes les parties du pays.

Mais tout devait échouer, encore une fois, contre les mauvaises dispositions du Bureau colonial, à qui le Parlement anglais avait déféré la charge d'examiner la nature des griefs et des plaintes exprimés par les requêtes de l'Assemblée et du peuple canadien.

Pendant les élections de 1835, on eut à regretter, dans l'un et l'autre camp, de nombreux actes de violence et de désordre ; les anciennes luttes reprirent avec plus d'acharnement que jamais, dès l'ouverture du Parlement convoqué quelques semaines après.

M. Papineau et plusieurs des membres les plus influents du parti national, parcouraient les villes et les campagnes canadiennes, pour protester devant le peuple contre des actes arbitraires qui devenaient de jour en jour plus fréquents, de la part du gouvernement.

L'autorité religieuse crut devoir mettre un frein à l'effervescence qui se manifestait de toutes parts, et Mgr Lartigue, évêque de Montréal, lança un mandement dans lequel il conseillait à ses diocésains la soumission au pouvoir établi. Mais loin de profiter du temps d'arrêt qui se produisit à la suite de cette lettre pastorale, le gouvernement, à la tête duquel lord Gosford se trouvait depuis 1835, sembla prendre à tâche de créer de nouveaux sujets de ressentiment. Il destitua les magistrats et les officiers de milice d'origine canadienne-française ; il arma ostensiblement ceux qui étaient reconnus comme les partisans avoués de la Constitution britannique, et fit occuper les villes par des soldats anglais venus, dans ce but, du Nouveau-Brunswick.

Ce fut alors que, malgré l'opposition des chefs, eut lieu, à Montréal, le 7 novembre 1837, entre les " fils de la liberté " et les " constitutionnels," une échauffourée qui fut le prélude de la révolte connue sous le nom de *Rébellion de* 1837. Plusieurs milliers de canadiens-français, exaspérés par les vexations continuelles qu'eux et leurs pères avaient eu à subir depuis plus de soixante-quinze ans, sans chefs, sans armes, sans munitions, sans organisation d'aucune sorte, luttèrent héroïquement contre des troupes régulières dix fois supérieures en nombre.

Ces héros improvisés, qui n'avaient à opposer à l'artillerie des régiments anglais que des faulx, des fourches, quelques vieux fusils de chasse et un *canon de bois*,* vainqueurs une première fois dans les plaines de Saint-Denis, le 22 novembre 1837, furent bientôt battus à Saint-Charles, le 25 du même mois, et complètement défaits quelques jours plus tard à Saint-Eustache.

Un commencement d'insurrection, qui se déclara vers la même époque dans le Haut-Canada, n'eut pas plus de succès.

Partout, les troupes anglaises restèrent maîtresses du champ de bataille.

La rébellion était vaincue.

Cette révolte prématurée n'était pas de nature à ramener vers les Canadiens-Français les sympathies de l'Angleterre. Le résultat immédiat de cette échauffourée sans issue possible, où tant de

---

* Ce canon était en chêne et cerclé de fer.

nobles et sincères patriotes payèrent de leur vie
ou de leur liberté des convictions politiques trop
ardentes peut-être, fut de permettre au gouvernement métropolitain d'exercer, avec moins de dis-
cernement que jamais le droit de répression dont
il s'était servi jusque là.

Le 17 janvier 1838, lord John Russell faisait
adopter par le Parlement anglais un bill deman-
dant la suspension de la constitution canadienne.
Quelques semaines après, lord Durham, nommé
gouverneur-général du Canada, débarquait à Québec, le 27 mai ; il avait été chargé de mettre à
exécution le projet d'union du Haut et du Bas-
Canada, depuis longtemps nourri par le gouvernement britannique. Homme d'État habile, le
nouveau fonctionnaire anglais inaugura son administration en accordant une amnistie générale aux
prisonniers politiques accusés d'avoir pris part à
la révolte de l'année précédente. Il n'en excepta
que vingt-quatre qui furent exilés aux îles Ber-
mudes ; puis, il visita le Haut-Canada, où il fit
accueillir favorablement son plan d'union des
deux provinces. Mais, ayant appris que sa proclamation d'amnistie avait été désavouée par le
cabinet de Saint-James, il donna sa démission et
partit pour l'Angleterre, le 1er novembre 1838,
laissant l'administration de la colonie à sir John

Colborne, qui la garda, en qualité d'administrateur, jusqu'à l'arrivée de lord Sydenham, qui eut lieu l'année suivante.

Après le départ de lord Durham, de nouveaux soulèvements s'organisèrent simultanément dans le Haut et le Bas-Canada. Mais, comme la première fois, ils furent promptement réprimés par sir John Colborne ; celui-ci, pour effrayer les populations révoltées, saccagea et brûla tout sur son passage, ne laissant après lui que des monceaux de ruines et de cendres ; il traduisit ensuite les prisonniers devant une cour martiale, qui en condamna 89 à mort et 47 à la déportation ; l'une et l'autre peine entraînaient après elles la confiscation de tous les biens des condamnés. Vers la même époque, le parlement anglais s'appuyant sur un rapport célèbre élaboré par lord Durham, vota une résolution consacrant l'union des deux provinces du Canada, malgré les protestations nouvelles de toute la population bas-canadienne, ainsi que des membres de l'épiscopat et du clergé catholique.

Cette loi qui reçut la sanction royale, le 23 juillet 1840, décrétait, entre autres choses : que dès lors, l'anglais serait seul reconnu comme langue légale et parlementaire ;

Qu'il y aurait un conseil législatif d'au moins

vingt membres nommés à vie et une assemblée législative composée de quatre-vingt-quatre députés ;

Qu'il faudrait une majorité formée de deux tiers de la législature pour changer les divisions électorales et les chiffres de la représentation ;

Que les parlements dureraient quatre ans.

Dès lors, jusqu'en 1867, époque depuis laquelle les deux provinces canadiennes font partie de la Confédération britannique de l'Amérique du Nord, le Haut et le Bas Canada ont été administrés en vertu de "l'Acte d'Union de 1840."

Bientôt, le gouvernement métropolitain ayant inauguré une politique coloniale plus large et plus libérale, dont un des effets fut de rendre aux Canadiens-Français l'exercice légal de leur langue maternelle, les dissensions intestines s'apaisèrent peu à peu et finirent par disparaître complètement.

Depuis longtemps, les rivalités de race qui ont entravé le développement de la colonie pendant plus de soixante-quinze ans n'existent plus, et un parfait accord règne entre les représentants des deux origines.

Aujourd'hui, les Canadiens-Français jouissent, sans contrainte, du libre exercice de tous les privilèges que leur avait reconnus le traité de Paris, et nous pouvons ajouter, sans crainte d'être taxé d'exagération, qu'aucun peuple au monde ne possède de plus grandes libertés politiques et religieuses.

III

POPULATION

—

RACES EUROPÉENNES

En 1653, cinquante ans après l'arrivée des premiers colons français en Amérique, la population totale du Canada n'était encore que de 2,500 habitants d'origine européenne.

Le premier recensement régulier, qui eut lieu en 1665, établit qu'il y avait seulement alors sur toute l'étendue du territoire français dans l'Amérique du Nord, 538 familles représentant 3,215 habitants.

A partir de cette date, nous nous contenterons de relever les chiffres de la population établis par différents dénombrements, jusqu'au jour de la cession de la Nouvelle-France à l'Angleterre.

Ainsi, nous voyons :

Années.	Habitants.
1668	6,282
1679	9,400
1685	10,725
1695	13,639
1706	16,417
1716	20,531
1726	29,396
1736	39,063

On ne comptait encore, en 1754, que 55,000 habitants d'origine française, plus environ 60,000 Indiens

Quand eut lieu la cession du Canada à l'Angleterre, en 1763, on estimait la population blanche à 65,000 âmes.

Le premier recensement fait par ordre du gouvernement anglais, en 1765, porte à 84,510 le nombre des habitants; Québec en avait 8,967 pour sa part, et Montréal 5,733. En 1775, la population était déjà de 90,000 âmes. Cette progression subite provient, sans aucun doute, de l'émigration anglaise qui se dirigea, immédiatement après la cession, vers la nouvelle colonie britannique. Il est supposable aussi que les soldats faisant partie de l'armée d'occupation furent compris dans ce dénombrement.

Les divers recensements qui se succédèrent jusqu'à 1881, montrent une augmentation graduelle rapide de la population, comme le fait voir le tableau qui suit :

	1784	1806	1834	1844	1851	1861	1871	1881
Ontario...........	10,000	70,718	321,145	556,662	952,004	1,396,091	1,620,851	1,923,228
Québec...........	113,012	250,000	570,000	697,084	950,000	1,111,566	1,191,516	1,359,027
Nouvelle-Ecosse....	30,000	64,000	190,000	225,000	276,854	330,857	387,800	440,572
Nouveau-Brunswick	......	35,000	119,457	160,000	193,800	252,047	285,594	321,233
Ile du Prince Edouard	3,000	9,676	33,000	34,000	67,000	80,000	94,021	108,891
Manitoba	......	......	3,356	5,143	5,600	8,668	12,228	65,054
Territoires du Nord-Ouest..	......	......	......	......	200	1,400	......	56,446
Colombie britannique	......	......	......	......	100	6,000	10,586	49,459
Total de la population fixe.....	166,256	455,899	1,302,961	1,802,889	2,547,158	3,323,292	3,602,506	4,324,810

La population de la partie occidentale du Canada commence à prendre, vers 1790, une extension rapide, alimentée par les réfugiés dits *loyalists*, qui, s'étant prononcés pour la métropole pendant la guerre de l'indépendance américaine, avaient cru prudent de quitter le territoire de la nouvelle république après la retraite des troupes anglaises, et par un courant assez considérable d'émigrants anglais attirés par la grande fertilité de ces contrées. Vers cette époque, on évaluait déjà à 15,000, au moins, le nombre des colons de nationalité britannique, établis, pour la plupart, aux alentours du lac Ontario.

C'est aussi entre 1784 et 1790 que la population de Montréal dépasse celle de Québec. La première de ces deux villes comptait alors 18,000 habitants, tandis qu'il n'y en avait que 14,000 à peine dans la seconde.

En 1791, le Canada fut divisé en deux provinces ; la partie occidentale prenant le nom de Haut-Canada, et la partie est, celui de Bas-Canada. Dès lors, la population du Haut-Canada, relativement peu considérable encore, augmenta beaucoup plus rapidement que celle de sa province sœur. Par la comparaison, il est aisé d'établir, en mettant en regard les relevés faits dans les deux provinces aux mêmes époques, la progression qui s'est opérée dans chacune d'elles :

Années	Bas-Canada	Haut-Canada
1806.	250,000	70,000
1814.	335,000	95,000
1825.	479,288	157,923
1831.	553,134	236,702

Il était déjà facile de prévoir, lors-de ce dernier recensement, que la population du Haut-Canada ne tarderait pas à égaler et à dépasser celle du Bas-Canada.

C'est effectivement ce qui avait lieu, neuf ou dix ans après la réunion des deux provinces canadiennes, qui furent de nouveau régies par une même constitution, en vertu de la loi du 23 juillet 1840, comme le prouvent les chiffres qui suivent :

Années	Bas-Canada.	Haut-Canada
1844.	697,084	500,000
1852.	890,211	952,000
1861.	1,111,560	1,396,000

On remarque que le virement qui s'est effectué en faveur du Haut-Canada, s'est produit entre 1844 et 1852, vers l'année 1850 probablement.

Pendant les quinze dernières années qui se sont écoulées sous ce dernier régime gouvernemental, qui prit fin avec une nouvelle constitution, le 1er juillet 1867, le Haut-Canada, presque exclusivement anglais et protestant, se prévalant de la supériorité du nombre, réclama avec instance la représentation législative basée sur la population, qui l'aurait mis à même de contrôler l'élément français et catholique en grande majorité dans l'autre province.   De là, des débats très passionnés au Parlement entre les représentants des deux origines, qui faisaient désirer, de part et d'autre, une séparation prochaine.

L'Acte de Confédération de 1867 vint mettre fin à toutes ces luttes.   Aujourd'hui le Haut et le Bas-Canada, tout en étant unis, pour certaines fins, par les lois communes qui régissent les provinces britanniques de l'Amérique du Nord, sont indépendants l'un de l'autre pour tout ce qui se rattache aux questions d'administration locale.

En Europe, on connaît généralement peu l'Amérique, et le peu qu'on en sait se réduit le plus souvent à quelques données plus ou moins exactes sur les Etats-Unis.

Pour ceux qui trouvent trop lourd le servage auquel les assujettit la constitution du pays qu'ils habitent, la grande république de l'Amérique du Nord est le pays où fleurissent, au souffle de la liberté la plus illimitée, les idées de leurs rêves; pour tout le monde, c'est le lieu des fortunes rapides, et on parle avec admiration de l'accroissement prodigieux d'une population que l'émigration étrangère vient grossir tous les jours.

Quant au Canada, les souvenirs les plus précis de la plupart de ceux qui savent qu'il existe, se résument à quelques effrayantes histoires, où des coureurs des bois, des sauvages avides de chevelures et quelques féroces ours gris jouent des rôles plus ou moins fantastiques, sur une scène couverte de neiges éternelles.

Si, d'un côté, on exagère les progrès qui se manifestent aux Etats-Unis, on se montre injuste, de l'autre, en faisant fi de ceux qui s'opèrent dans le pays voisin, dignes aussi, à tous égards, d'attirer l'attention et d'éveiller la sympathie.

Le Canada, que l'on ne connait guère et dont on parle peu, s'est développé tout doucement, sans avoir recours à la trompette de la publicité pour attirer l'émigration étrangère sur ses plages hospitalières ; réduit presque à sa simple force d'expansion, il a vu sa population grossir dans les mêmes proportions que celle de son orgueilleuse voisine.

Afin de donner à cette paradoxale prétention le degré de crédibilité qu'elle mérite, nous l'appuierons par des chiffres d'autant plus inattaquables qu'ils émanent des statistiques officielles des deux pays.

Mais nous ne ferons entrer en ligne de compte,

dans le parallèle que nous allons établir entre les Etats-Unis et le Canada, pour prouver notre asser. tion que les provinces de Québec et d'Ontario constituant le Canada-Uni, avant l'annexion du Nouveau-Brunswick, de la Nouvelle-Ecosse, du territoire du Nord-Ouest, de la Colombie anglaise et de l'Ile du Prince-Edouard, qui se sont unis à elles en vertu de la Constitution de 1867 et forment maintenant ensemble la Confédération canadienne.

Des recensements ont lieu tous les dix ans, tant aux Etats-Unis qu'au Canada.

En remontant à l'année 1850, nous constatons que les chiffres de la population des deux pays étaient, respectivement :

Etats-Unis . . . . . 23,191,876 âmes.
Haut et Bas-Canada .   1,842,265 —

Ce qui prouve qu'à cette époque la population des Etats-Unis était environ treize fois plus considérable que celle du Canada.

Jusqu'en 1860, cette proportion n'a pas varié d'une manière appréciable, puisque les dénombrements faits en cette année donnent :

Etats-Unis . . . . . 31,443,221 âmes.
Haut et Bas-Canada . 2,506,775 —

On obtient aussi pour l'année 1870, à peu de

choses près, les mêmes résultats, la population étant alors :

    Etats-Unis . . . . . 38,513,955 âmes.
    Haut et Bas-Canada . . 2,822,367 —

Il est vrai que les derniers recensements ont quelque peu modifié la proportion, en faveur des Etats-Unis, puisqu'ils donnent :

    Etats-Unis . . . . . 50,153,000 âmes.
    Haut et Bas-Canada . . 3,282,255 —

Si l'on considère maintenant, comme il est facile de le prouver par les rapports du bureau des statis_ tiques de Washington, que 11,068,594 immigrants sont venus s'établir aux Etats-Unis, de 1820 à 1881, et que, pendant le même laps de temps, l'émigration n'a pas donné au Canada plus de 500,000 habitants en grande partie d'origine anglaise, on arrivera à la conclusion que dans la population de la grande république il est entré directement près d'un quart d'éléments étrangers qui figurent à peine pour un sixième dans celle des deux provinces canadiennes.

À l'encontre des Etats-Unis, dont la population s'est recrutée chez toutes les nations du Globe, le Canada n'est peuplé que par les représentants de deux grandes nationalités.

La multiplication des Canadiens d'origine française qui, lors de la cession du Canada à l'Angleterre, ne comptaient guère que 65,000 membres, et qui doivent être aujourd'hui, en comptant ceux qui sont disséminés dans les Etats-Unis, au moins de 1,750,000 tient réellement du prodige.

En face de telles preuves, viendra-t-on dire encore, comme quelques écrivains l'ont prétendu, que la race française est impropre à la colonisation ?

Un fait particulièrement digne de remarque, c'est le développement prodigieux qui s'est produit depuis quelques années au Manitoba. Dans cette province, la population a augmenté, pendant la dernière décade, dans des proportions beaucoup plus considérables qu'en aucun état de la République américaine, ayant atteint le chiffre fantastique de 289 pour cent.

Pendant les dix dernières années qui ont séparé les deux derniers recensements, l'augmentation de la population pour le Canada a été de 646,065 habitants, c'est-à-dire, plus de 20 pour cent, en moyenne, comme l'établit le tableau suivant :

Province	Population en 1871	Population en 1881 *
Ontario	1,620,851	1,923,228
Québec	1,191,516	1,359,027
Nouvelle-Ecosse	337,800	440,572
Nouveau-Brunswick	285,594	321,233
Ile du Prince-Edouard	94,021	108,891
Manitoba	11,963	65,954
Territoire du Nord-Ouest	45,000	56,446
Colombie britannique	42,000	49,459
Totaux	3,678,745	4,324,810

* Pour la répartition des religions et des nationalités, voir au chapitre des renseignements.

3*

Voici comment se répartit la population entre les différentes provinces :

Province.	Familles.	Hommes.	Femmes.
Ontario	366,444	976,470	946,758
Québec	254,841	678,175	689,852
Nouvelle-Ecosse	79,596	220,538	220,034
Nouveau-Brunswick	56,948	164,119	157,114
Ile du Prince-Edouard	17,973	54,729	54,162
Manitoba	14,169	37,207	28,747
Territoire du Nord-Ouest	11,726	28,113	28,333
Colombie britannique	10,436	29,503	19,956
Totaux	812,138	2,188,854	2,135,956

On voit que la population se partage presque également entre les deux sexes et que chaque famille compte en moyenne plus de cinq membres.

ABORIGÈNES

La race indigène sauvage qui, il y a à peine trois siècles, peuplait, à l'exclusion de toute autre, les vastes territoires de l'Amérique du Nord, disparaît tous les jours avec une rapidité remarquable.

Ces fières tribus d'Algonquins, d'Iroquois, d'Abénaquis, de Hurons, de Sioux et autres, seuls maîtres de ces contrées, quand Jacques Cartier vint planter sur les rives du Saint-Laurent le drapeau de la civilisation européenne, n'existeront bientôt plus que par le souvenir.

A proprement parler, il n'y a plus guère de sauvages aujourd'hui dans les possessions britanniques de l'Amérique du Nord, si ce n'est dans la Colombie anglaise, le Manitoba, les territoires du Nord-Ouest et la terre de Rupert, où on en compte encore 75,007, éparpillés sur une superficie territoriale de 2,984,340 milles (8,186,711) kil.) carrés.

Dans Ontario, Québec, le Nouveau-Brunswick, la Nouvelle-Ecosse et l'Ile du Prince-Edouard, il n'y aurait, d'après le dernier recensement, que 30,755 sauvages, dans les réserves que leur fait le gouvernement, répartis comme suit, dans chacune de ces provinces :

Ontario	15,780
Québec	11,071
Nouvelle-Ecosse	2,218
Nouveau-Brunswick	1,416
Ile du Prince-Edouard . . .	290
	$30,775

Ces sauvages se divisent en différentes tribus ; ils se répartissent ainsi dans les provinces de la Confédération : A Ontario sont les Chippewas, les Mississaguas, les Mohawks, les Oneidas, les Ojibbewas, les Six Nations, et les Wyandottes. Québec a les Abénaquis, les Hurons, les Algonquins, les Iroquois, les Montagnais et les Naskapis. La Nouvelle-Ecosse, le Nouveau-Brunswick et l'Ile du Prince-Edouard ont les Micmacs. Enfin, au Nord-Ouest vivent les Cris, les Corbeaux, les Gros Ventres, les Pieds Noirs, les Sioux et quelques autres tribus moins importantes.

Les relations qui traitent des premiers temps de la colonisation de la Nouvelle-France, évaluent au moins à 190,000 le nombre des aborigènes qui la peuplaient, quand les Français prirent possession du pays. La plupart des tribus qui l'occupaient alors se faisaient la guerre entre elles. Les Iroquois, les plus belliqueux de tous les indigènes de cette partie de l'Amérique, avaient, depuis plusieurs années déjà, entrepris une guerre d'extermination contre les Hurons, leurs voisins, qui habitaient comme eux les contrées qui se trouvent au sud du lac Ontario, et avaient même remporté déjà contre leurs ennemis des avantages signalés. Champlain, qui venait de jeter les fondements de Québec, en 1608, décida de prendre fait et cause pour les Hurons contre les Iroquois. Ces derniers, le plus souvent aidés et poussés par les agents de l'Angleterre, devinrent dès lors les ennemis irréconciliables et acharnés des Français, et mirent plusieurs fois la colonie naissante à deux doigts de sa perte.

Si on considère que, lors de la fondation de Montréal, qui eut lieu en 1642, c'est-à-dire environ cinquante ans après la première tentative un peu sérieuse de colonisation du Canada par la France, il n'y avait encore que deux cents colons européens, on se rend aisément compte de tous les dangers qu'eurent à courir les premiers occupants de cette colonie délaissée de la mère-patrie, toujours en lutte avec une nation guerrière et cruelle, vivant continuellement sur le qui-vive, la charrue d'une main et le fusil de l'autre.

Mais il y a déjà longtemps que ces farouches guerriers d'autrefois sont réduits à l'impuissance, et quoique, depuis plus de deux siècles, ils aient enterré la hache de guerre et vivent à l'ombre des traités, chaque jour leur race décroît et tend à disparaître.

Que doit-on conclure de cette dégénérescence singulière qui produira avant longtemps, graduellement mais fatalement, l'annihilation complète d'une race puissante et vivace jadis, dans un pays où les descendants des européens qui y ont été transplantés se multiplient d'une manière aussi surprenante ?

Les Peaux-Rouges du Canada n'ont pas à se plaindre pourtant des vexations ou des privations auxquelles on a pu attribuer leur disparition en d'autres pays. Les derniers débris de leurs tribus vivent sous la direction de leurs chefs, sur des territoires dont la propriété leur est garantie par les traités et sauvegardée par des privilèges spéciaux qui les mettent à l'abri de déprédations injustes de la part des particuliers. Ils ne peuvent pas non plus se plaindre d'être trop à l'étroit, disséminés, comme ils le sont, par tribus de quelques cents âmes, sur un territoire immense, dont une grande partie, encore inexplorée, leur est ouverte pour la chasse et la pêche.

Cependant, au Canada, comme partout du reste, où ils viennent en contact avec la civilisation, sans cause apparente, ces robustes enfants de la nature s'étiolent et dépérissent.

Le fait est indiscutable ; mais où doit-on chercher la véritable cause de ce phénomène physiologique ?

IV

PRODUCTIONS NATURELLES ET INDUSTRIELLES

—

PRODUITS AGRICOLES

On est généralement porté à croire que la rigueur du climat canadien est peu propice à la culture des céréales et des plantes fourragères. Il n'en est rien, cependant, et peu de pays sont aussi favorisés sous ce rapport.

Un fait remarquable et qui semble au premier abord inexplicable, c'est que sous les latitudes septentrionales la végétation est plus vigoureuse et le sol plus productif que dans les zônes tempérées. La terre inactive pendant l'hiver dégage, à l'approche du printemps, une exubérance de sucs des plus favorables au développement des végétaux.

La province de Manitoba et une grande partie des territoires du Nord-Ouest, qui sont appelés à devenir, à une époque prochaine, le grenier de l'Amérique, peuvent être cités comme une preuve irréfutable à l'appui de cette particularité ; car toutes les céréales et les plantes fourragères des climats tempérés y donnent des résultats exceptionnellement avantageux. Dans ces terrains d'alluvion inépuisables, le blé produit aisément trente à quarante boisseaux pour un, les navets atteignent des proportions colossales et la betterave à sucre y peut rivaliser sans désavantage avec les plus beaux spécimens récoltés dans les provinces de Québec et d'Ontario.

Voici, du reste, le rendement moyen, par acre, * de certaines productions agricoles, au Manitoba, d'après des statistiques officielles, pendant les cinq dernières années :

* L'acre égale 40 ares 47 centiares.

Années	Avoine	Orge	Pommes de terre
1877	$59\frac{3}{4}$	$40\frac{3}{4}$	304
1878	$59\frac{3}{4}$	36	398
1879	58	37	302
1880	$57\frac{3}{4}$	41	318
1881	$59\frac{1}{2}$	43	321

Si on tient compte de ce que le Minnessota, qui passe pour l'état le plus fertile de la grande république américaine, ne produit en moyenne que 37 minots d'avoine et 27 minots d'orge par acre, il est permis de classer les territoires de l'ouest parmi les contrées les plus productives du monde.

Voici maintenant un état approximatif de la récolte du blé dans les principaux pays agricoles, en 1881, qui établit que la production de ce grain, quoique proportionnellement moins considérable, au Canada, que celle des autres céréales, est cependant suffisante, étant donné le chiffre de la population :

Etats-Unis......................50,000,000 minots. *

Indes 42,000,000   "

Russie 40,000,000   "

France.........................28,000,000   "

Espagne........................18,000,000   "

* La mesure employée pour les matières sèches est le minot qui équivaut à 36 litres 34 centilitres.

Italie ....15,000,000 minots.
Allemagne 14,000,000   "
Turquie 12,000,000   "
Grande-Bretagne 10,000,000   "
Autriche-Hongrie.........10,000,000   "
Canada..................... 4,000,000   "
Australie 3,500,000   "
Hollande et Belgique...... 2,500,000   "

On serait tenté de croire que la neige qui couvre
le sol, pendant les mois d'hiver, doit, en inter-
disant l'accès des pâturages aux bestiaux, présenter un obstacle presque insurmontable à l'éle-
vage du bétail. Au contraire, malgré la nécessité où
l'éleveur se trouve de nourrir ses animaux à
l'étable durant cinq mois de l'année, il ne retire
pas moins des revenus considérables de ce genre
d'industrie. Les chevaux canadiens, doués d'une
vigueur exceptionnelle, sont très recherchés sur les
marchés américains. Les races bovine, ovine et
porcine acquièrent aussi au Canada un développement tel, que souvent de grands éleveurs anglais
viennent y chercher les produits améliorés d'animaux dont ils ont, quelques années avant, fourni
la souche aux fermiers canadiens. Les pâturages
de certaines régions peuvent avantageusement être
comparés avec les plus plantureux pacages de la
Suisse.

L'exportation des chevaux, des bêtes à cornes et des moutons a produit en 1881 un assez fort montant, comme l'indique le tableau ci-dessous :

	Nombre	Valeur
Chevaux	21,993	$2,094,037
Bêtes à cornes	62,277	3,464,871
Moutons	354,155	1,372,127

Ces animaux ont été dirigés, pour la plupart, vers l'Angleterre. *

Pendant cette même année, le Canada a exporté 17,649,491 livres ** de beurre ayant produit $3,573,034 et 49,255,523 livres de fromage vendus pour $5,510,443.

L'aisance relative dont jouissent la plupart des cultivateurs canadienns leur donne la facilité de se procurer un confort domestique qui est loin de ressembler au genre de vie presque toujours restreint des populations rurales, en Europe. On peut même reprocher à la classe agricole une tendance au luxe assez prononcée pour entraver souvent sa marche vers une plus grande prospérité à laquelle elle pourrait facilement atteindre avec un peu plus d'ordre et d'économie.

* En 1881, le Canada a exporté en Angleterre 49,409 bêtes à cornes et 80,222 moutons.

** La livre égale 453 grammes 59 centigrammes.

PRODUIT DE LA FORÊT

—

Pendant bien des années encore le Canada trouvera une des principales sources de ses revenus dans l'exploitation des forêts qui couvrent une grande partie de son territoire, et où on trouve les plus beaux bois du monde pour la construction et l'ébénisterie.

L'exportation des bois canadiens jusqu'ici presque exclusivement dirigée vers l'Angleterre et qui, quoiqu'elle ne soit pas aussi considérable qu'elle devrait l'être, étant données les ressources presque inépuisables, dont elle est tirée, produisait $24,960,-012, (131,040,063 fr.) en 1881.

Les principaux bois canadiens sont: le pin, l'épinette rouge (melèze) l'épinette blanche, la pruche, le merisier, le noyer noir, le chène, l'érable, l'orme, le hêtre, le tilleul, etc.

L'écorce de pruche, dont on se sert pour la fabrication du tan, et les alcalis que l'on retire de la cendre des bois brulés, comptent aussi pour un montant assez important dans l'exportation des produits forestiers.

A la grande exposition géographique universelle qui a eu lieu à Venise dans l'été de 1881, les

essences forestières du Canada ont été particulièrement remarquées, et un grand nombre de rapports
en font une mention spéciale des plus élogieuses.

PRODUITS DE LA PÊCHE

Les pêcheries canadiennes sont, sans contredit,
des plus considérables et des plus productives qui
soient au monde.

La longueur des côtes maritimes des provinces
de Québec, du Nouveau-Brunswick et de la Nouvelle-Ecosse, sans tenir compte des anfractuosités
du rivage, est évaluée à 2,879 milles (4,632 kil.)
et le privilège exclusif de la pêche sur ces côtes,
sauf les concessions établies par les traités, s'exerce
pour les pêcheurs canadiens sur environ 9,947
milles carrés.

On apprécie la superficie collective de la partie
canadienne des grands lacs Supérieur, Michigan,
Huron, Erié et Ontario * que partage la ligne
frontière du Canada et des Etats-Unis et de l'immense nappe d'eau salée enclavée dans le terri-

* Voici la longueur, la largeur, la profondeur moyenne et la superficie de ces lacs :

	Longueur.	Largeur.	Profondeur.	Superficie.
Lac Supérieur . .	555 milles.	170 milles.	988 pieds.	52.000 milles.
" Michigan . .	360	160	900	20,000
" Huron	200	160	120	20,000
" Erié	250	80	200	6,000
" Ontario . . .	180	65	500	0,400

toire de la Confédération, qui baigne les rives des provinces britanniques sous les noms de golfe Saint-Laurent et de baies des Chaleurs et de Fundy, a au moins 121,951 milles carrés.

Il y a, en outre, dans le Nord-Ouest, les lacs Winnipeg, Manitoba, Winnépégosis * qui représentent collectivement une superficie de 12,336 milles carrés.

Comme on le voit, le champ est suffisamment vaste pour permettre aux pêcheurs canadiens de retirer de beaux bénéfices d'une industrie à laquelle se livrent, à l'exclusion de presque toutes autres, les habitants des côtes de ces provinces, qui, au nombre d'au moins 200,000, vivent uniquement du produit de leur pêche.

Grâce à l'intelligente attention qu'on a portée au développement de cette immense et inépuisable source de richesse, les produits de la pêche ont augmenté depuis plusieurs années dans des proportions considérables. Pour donner une idée générale des ressources et du développement de cette branche importante du revenus nous donnons le chiffre de l'exportation de quelques-uns des principaux produits de la pêche, prenant comme terme de comparaison les deux années 1875 et 1881,

---

* Lac Winnipeg, 8 500 milles carrés, lac Manitoba, 1,900 milles carrés, Winnépégosis, 1,936 milles carrés.

quoique la production de cette dernière n'ait pas été aussi considérable que celle des précédentes.

	1875.	1881,
Morue et Merlan . .	$1.836,307 . . .	$3.176,844
Maquereau	479,312 . . .	801,580
Hareng	291,361 . . .	420,722
Saumon	147,582 . . .	470,502

donnant un total de $2,754,562 (14,784,997 fr.) pour 1875 et de $4,878,648 (26,198,239 fr.) pour 1881, soit une différence de $2,124,086 (11,413.-242 fr.) en faveur de 1881.

La pêche de l'alose, des huîtres du Golfe qui n'ont d'égales en aucun pays du monde, du homard dont la mise en conserves a donné, en 1881, la jolie somme de $1,347,901, l'huile provenant du loup marin, de la baleine et du marsouin donnent aussi des produits qui mériteraient d'être signalés.

PRODUITS MINÉRALOGIQUES

Les productions minérales du Canada, bien que cette source de richesse ne soit pas exploitée comme elle pourrait l'être, méritent aussi d'être mentionnées. Dans la province d'Ontario on trouve en assez grande abondance, particulièrement dans l'espace compris entre la baie Georgienne et la rivière Ottawa, du fer, du cuivre, du plomb, de l'antimoine, du manganèse, du phosphate, du plâtre et une certaine variété de marbre que des géologues n'ont pas craint de comparer à celui de Carrare. Les mines de cuivre du lac Huron produisent d'excellent minerai, et on exploite, aux environs de la baie du Tonnerre, des gisements d'argent assez riches pour rémunérer amplement le travail des mineurs. Dans l'ouest, trois cents sources jaillissantes, et inépuisables d'huile de pétrole en fournissent des milliers de barils par jour. Des salines livrent aussi au commerce un sel d'une pureté remarquable, dont un spécimen a obtenu une médaille d'or à l'exposition universelle de Paris, en 1867.

Quoique moins bien partagée, sous ce rapport, que sa voisine, la province de Québec possède néanmoins en assez grande quantité du fer et du cuivre ; des phosphates de chaux * d'une pureté remarquable, dont on trouve des lits d'une grande richesse particulièrement dans la vallée de l'Ottawa ; de l'amiante que l'on rencontre en abondance dans plusieurs des Cantons de l'Est, notamment dans ceux de Colraine, de Thetford et d'Ireland

---

* En 1881, le Canada exportait 15,000 tonneaux de phosphate de chaux, dont 12,000 en Europe, quoique ce genre de commerce ne soit encore qu'à son début.

où on l'exploite déjà sur une assez vaste échelle, et enfin de magnifiques carrières d'ardoise et de pierres granitiques. Il s'y trouve aussi quelques gisements argentifères, et l'on espère que les mines d'or de la Beauce seront avant longtemps une source importante de revenus pour le pays.

Le Nouveau-Brunswick produit de la houille, du fer, du cuivre, de l'antimoine et du manganèse.

La Nouvelle-Ecosse est celle de toutes les provinces de la confédération canadienne qui retire le plus de profits de l'exploitation de ses mines. Outre quelques gisements aurifères et argentifères et des mines de cuivre, de plomb, de soufre et de mercure de plus ou moins grande importance, on y trouve du fer d'une qualité supérieure, qui vaut celui de provenance anglaise, et on y exploite des houillères dont les produits rivalisent avantageusement avec ceux d'aucun autre pays du monde.

PRODUITS INDUSTRIELS

Voisin des Etats-Unis, dont il a toujours eu à craindre la concurrence redoutable, le Canada ne peut encore être classé parmi les grandes nations manufacturières. Cependant la facilité avec laquelle on peut s'y procurer la matière première, qu'elle soit produite ou non par le pays, unie aux nombreux cours d'eau qui le sillonnent et peuvent être employés comme force motrice, forme une réunion d'avantages tellement incontestables, qu'il est facile de lui prédire, à première vue, un grand avenir industriel.

Déjà sont en pleine activité un assez grand nombre de fabriques de tissus de laine et de coton, des manufactures de chaussures, de meubles, de clous, etc., donnant, pour la plupart, d'assez beaux bénéfices aux compagnies ou aux individus qui les exploitent, des papeteries qui, au nombre de trente, produisent collectivement cinquante-deux tonnes par jour de papier de différentes qualités.

Vu le prix relativement élevé de la main d'œuvre et la difficulté que les cultivateurs ont a se procurer les bras nécessaires à l'époque des moissons, ils sont obligés d'avoir recours aux instruments aratoires dont l'usage est, pour les causes que nous venons de mentionner, beaucoup plus répandu en Amérique qu'en Europe. Quelques-uns d'entre eux ont même été fort remarqués à l'Exposition universelle de Paris, en 1878.

On s'attend aussi à ce que l'industrie du sucre de betteraves, qui a déjà donné d'assez jolis résultats, deviendra avant peu une des sources principales de richesses agricoles et commerciales pour cette province.

En sus des produits provenant de fabriques ou de manufactures plus ou moins considérables, il faut tenir compte de ceux fournis par une foule de petites industries indigènes, telles que le tissage des étoffes de laine et de lin auxquelles la femme du cultivateur canadien travaille à domicile, et dont une bonne partie est affectée à l'usage de la famille ; la fabrication des chapeaux de paille, tressés pendant les longues veillées d'hiver et exportés par milliers vers le sud des Etats-Unis ; le sucre, provenant de la sève de l'érable, qui ne coûte rien à celui qui le fabrique lui-même ; enfin, une foule d'autres productions plus ou moins rémunératrices, que le cultivateur industrieux sait toujours ajouter aux produits naturels de sa ferme.

V

COMMERCE INTERNATIONAL

—

Depuis quelques années, la Confédération canadienne marche sûrement à la conquête du rang commercial qu'un avenir prochain lui réserve dans le Nouveau-Monde.

On ne trouve point au Canada, il est vrai, l'activité fébrile qui galvanise le commerce aux Etats-Unis ; on n'y fait point, comme dans ce pays, de ces fortunes rapides dont le chiffre fabuleux étonne et éblouit ; mais, en revanche, on a moins à y redouter l'effet de ces crises industrielles désastreuses qui viennent, périodiquement et sans que rien ne les fasse prévoir, ébranler le crédit des institutions financières les mieux assises de la grande république américaine.

Le tableau qui suit donnera une idée des fluctuations qui se sont opérées dans les affaires d'importation et d'exportation, pendant les dix dernières années :

Années	Importations.	Exportations.
1872 . . .	$*111,430,527	$82,639,663
1873 . . .	128,011,281	89,789,922
1874 . . .	128.213.582	89,351,928
1875 . . .	123,070,283	77,886,979
1876 . . .	93,210,346	80,966,435
1877 . . .	99,327.962	75,875,393
1878 . . .	93,081.787	79,323,667
1879 . . .	81,964,427	71,491,255
1880 . . .	86,189.747	87,911,458
1881 . . .	105,330,840	98,290,823
Total	$1,221,038,092	$981,274,631

Ce qui donne une moyenne annuelle de $101,-753,174,33 pour les importations et de $81,772,-885,91 pour les exportations.

Le commerce international canadien qui s'était rapidement développé jusqu'à 1874, éprouve, à partir de 1875, un moment d'arrêt que l'on doit attribuer à deux causes : d'abord, à la crise financière qui sévissait alors aux États-Unis, dont il a ressenti le contre-coup immédiat ; puis, au montant beaucoup trop considérable, eu égard au chiffre de la population, des importations dont le haut commerce avait encombré ses comptoirs les années précédentes.

Les tableaux qui suivent, extraits du rapport de 1881 du ministre des Douanes, établissent le chiffre des affaires que le Canada a faites avec certains autres pays pendant les cinq dernières années :

---

* $ Signe qui représente la piastre ou dollar, valant 5 francs 37 centimes.

Effets exportés du Canada dans les pays ci-dessous.

Pays.	1877.	1878.	1879.	1880.	1881.
Grande-Bretagne	$41,567,469	$45,941,539	$36,295,718	$45,846,062	$53,751,570
Etats-Unis	25,775,245	25,244,898	27,165.501	33,349,909	36,866.225
France	319,330	360,391	714,875	812,829	662,711
Allemagne	34,324	122,254	112,090	82,237	84,932
Espagne	62,659	47,816	50,596	60,727	46,653
Portugal	129,960	104,028	135,748	165,885	103,594
Italie	213,692	151,861	148,472	163,787	145,997
Hollande	94,303	53,750	9.713	102,592	215,754
Belgique	66,912	49,998	40,430	688,811	258,433
Terreneuve	2,112,106	2,094,682	1,641,417	1,510,300	1,523,469
Antilles anglaises	2,194,649	1,950,144	1,955,584	1,906,053	1,788,813
Antilles espagnoles	1,284,375	1,089,807	1,237,598	1,319,588	1,167,612
Antilles françaises	160,212	246,733	219,121	223,973	111,175
Autres îles des Indes Oc.	149,622	127,458	88,367	94,489	80,769
Amérique du Sud	651.625	654,357	741,442	789,940	732.111
Chine et Japon	37,149	102,568	56,551	37,546	19.761
Australie	185,610	370,723	290,762	139,901	146,363
Afrique du Sud	23,170	46,365	45,515	82,178	81.644
Autres pays	812.981	605,290	541,755	534,651	499,237
Total	75,875,393	79,323,667	71,491,255	87,911,458	98,290,823

Effets entrés pour la consommation importés des pays ci-dessous.				
Pays.	1877.	1878.	1879.	1880.	1881.
Grande-Bretagne......	$39,572,239	$37,431,186	$30,993,130	$34,461,224	$43,583,808
Etats-Unis............	51,312.669	48,631,739	43,739,219	29,346,948	36,704.112
France	1,410,732	1,385,003	1,532,191	1,115,841	1,631,332
Allemagne............	370,594	399,320	440,909	459,791	931,266
Espagne..............	278,098	277,429	343,849	236,518	399,684
Portugal	45,465	41,913	25,510	35,767	56,893
Italie	29,250	53,310	33,461	459,508	88,726
Hollande.............	202,557	213,014	200,575	171,245	225,190
Belgique	251,812	255,694	179,031	149,086	412,834
Provinces de l'A. B.duN.	641,642	672,665	639,406	581,961	652,304
Antilles anglaises......	640,716	578,405	650,087	1,208,822	1,888.695
Antilles espagnoles	563,451	417,178	575,969	1,711,462	1,899.813
Antilles frau aises.....	25,022	21,686	18,003	8,884	18,185
Autres îles des Indes Oc.	13,620	16,580	8,365	15,986	8,454
Amérique du Sud......	4,971	15,447	4,338	283,481	637,620
Chine et Japon........	418,606	383,676	448 962	893,911	1,410,973
Suisse...............	69,066	61,178	94,781	94,225	141,789
Australie............	....	....	1,851	1,881	143
Afrique du Sud........	97,394	45,019	106,592	136,675	138.815
Autres pays..........	352,579	299,135	305,324	419.133	777,968
Total......	96,300,483	91,199,577	80.311,608	71.782.349	91.611.604

On voit que, si, d'une part, la progression qui s'est manifestée dans le commerce d'exportation s'est relativement bien soutenue, de l'autre, la diminution qui s'est produite pour les importations est assez notable. Car, si le chiffre des importations excédait celui des exportations de $28,790,864 en 1872 ; aujourd'hui, au contraire, les exportations l'emportent sur les importations de $6,679,219. L'équilibre tend évidemment à s'établir entre les deux branches de commerce ; ce qui, au dire des économistes, est la preuve la plus certaine de la prospérité d'un pays.

Les industriels de la Grande-Bretagne qui avaient toujours trouvé au Canada un débouché important pour les articles sortant de leurs manufactures, ont dû être, eux-mêmes, quelque peu affectés par la brusque transition qui s'est opérée vers 1875, comme on peut en juger par le tableau suivant :

Années	Exportation en Angleterre	Importation d'Angleterre.
1875	40,032,902	60,347,067
1876	40,723,477	40,734,260
1877	41,567,469	39,572,239
1878	45,941,539	37,431,180
1879	36,295,718	30,993,130
1880	45,846,062	34,461,224
1881	53,751,570	43,583,808

Là encore le chiffre des importations qui l'emportait de $20,314,165 sur celui des exportations, en 1875, se trouve actuellement moindre de $10,-167,762.

Depuis quelque temps, le Canada semble se révéler à la France commerciale qui paraissait ignorer que son ancienne colonie offre, plus que tout autre marché du continent américain, un débouché sûr et avantageux à ses articles d'exportation, qui ont toujours été exploités et monopolisés jusqu'ici, à l'exception de quelques rares entreprises individuelles, par des maisons de commerce anglaises.

Il est universellement admis que depuis longtemps déjà la France n'a rien à envier aux autres pays manufacturiers, tant pour la qualité que pour le fini du plus grand nombre des articles que son industrie livre chaque année au commerce du monde entier ; mais il est, d'un autre côté, malheureusement évident aussi que les industriels français ne savent pas toujours retirer tous les profits qu'ils auraient droit d'attendre de la vente des produits créés par leur travail et leur intelligence.

Quoique dans le commerce d'échange que le Canada fait avec les nations européennes — la Grande-Bretagne exceptée — la France vienne en premier ordre, nous n'en regrettons pas moins d'avoir à constater combien sa part est encore minime.

Comme nous l'avons déjà fait à l'égard de l'Angleterre, nous allons établir la comparaison entre le montant d'affaires que la France a faites avec son ancienne colonie, pendant la période qui s'est écoulée entre les années 1875 et 1881 inclusivement.

Années	Exportation en France.	Importation de France.
1875......	212,767	1,941,298
1876......	553,935	1,840,877
1877......	319,330	1,410,732
1878......	369,391	1,385,003
1879......	714,875	1,532,191
1880......	812,829	1,115,841
1881......	662,711	1,631,332

L'augmentation qui s'est produite, pendant ce laps de temps, dans les importations de France et celle plus considérable que l'on remarque dans le montant de nos exportations en ce pays, est assez remarquable pour mériter d'être mentionnée et semble être un indice des plus favorables pour l'avenir.

Cependant les chiffres plus haut cités, fournis par les statistiques comme représentant le montant des affaires qui se sont faites entre le Canada et la France, pendant les dernières années, ne sont pas exacts en fait ; car une portion assez notable des articles portés, d'autre part, comme de provenance anglaise, ne peut être considérée comme telle qu'en tant que l'Angleterre a servi d'intermédiaire pour ces échanges réciproques.

En effet, il est constaté que la majeure partie des vins, des eaux-de-vie et de certains autres articles de provenance française sont importés au Canada par des maisons de commerce anglaises.

En faisant aussi entrer en ligne de compte les soieries, les cuirs, une quantité assez considérable de caisses d'orfèvrerie et d'objets connus sous le nom d'articles de Paris, il sera inutile d'ajouter de longs commentaires pour faire comprendre l'avantage que le commerce franco-canadien retirerait du transport de toutes ces marchandises par voie directe.

En raison de cet état de choses, l'industrie française éprouve incontestablement, sur ses produits importés au Canada seulement, une perte sèche d'au moins 10 ou 12 pour cent que les négociants anglais qui transigent avec elle, dans ces conditions, sont obligés d'affecter aux frais de transport, de chargement, de déchargement, de docks, en un mot, de toutes les dépenses que nécessite le transit par l'Angleterre.

Il semble évident que le montant collectif des

produits principaux, de provenance française, dont nous venons de donner un rapide aperçu, représente déjà un nombre de tonneaux assez considérable et suffisant pour alimenter une ligne de steamers bi-mensuelle directe entre le Canada et la France, qui trouverait facilement son fret de retour parmi les produits canadiens.

Etat comparatif de l'exportation de différents produits.

PROVENANCES.	1877	1878	1879	1880	1881 *
Agriculture'.....	19,279,726	27,281,089	25,970,887	22,294,328	21,252,490
Bétail.........	15,361,051	14,577,086	14,737,393	17,607,577	21,007,711
Forêts.........	23,665,587	20,054,829	13,797,259	16,854,507	24,774,244
Pêcheries	5,874,360	6,929,366	7,072,303	6,579,656	6,465,566
Manufactures....	4,681,759	4,715,776	3,228,761	3,242,617	3,039,766
Mines.........	3,698,958	2,896,363	3,187,722	2,877,351	1,464,136
Totaux.......	72,561,441	76,454,509	67,994,325	69,456,036	78,003,913

* L'exportation des productions de la Colombie britannique n'est pas comprise dans le relevé de l'année 1881.

Le tableau qui précède permet de comparer les montants respectifs fournis par l'exportation des produits provenant de l'agriculture, des forêts, des pêcheries, des manufactures et des mines pendant les cinq dernières années fiscales *.

* L'année fiscale finit le 30 juin.

VI

NAVIGATION

—

Avec un littoral de 2,879 milles (4,632 kil.), un fleuve comme le Saint-Laurent qui en a 1,500 (2,413 kil.) de longueur, les ports spacieux et sûrs que la nature a creusés sur ses côtes, et les plus beaux bois de construction du monde entier, il était naturel que le Canada devînt une grande puissance maritime.

Cependant, beaucoup de personnes ignorent le rang que notre pays, encore peu connu à l'étranger, a le droit de prendre parmi les marines marchandes des autres nations, quoique des statistiques inattaquables établissent qu'il y vient en quatrième ordre.

Le rapport officiel du ministre de la Marine et des Pêcheries, pour 1881, porte le nombre des navires de commerce canadiens, tant les bâtiments à voiles que les steamers à 7,394, donnant collectivement 1,310,896, tonneaux.

Nous empruntons au *Répertoire National* de 1880–81 le tableau suivant, qui établit le rang que la marine canadienne doit revendiquer parmi celles des nations de l'ancien et du nouveau monde.

Nationalités.	Steamers.	Tonnage net des Steamers.	Navires à voiles.	Tonnage net des navires à voiles.	Total du tonnage net.
Grande-Bretagne y comprises les colonies.....	4,106	3,133,453	18,403	5,435,851	8.569,304
États-Unis.............	569	408,49.	6,045	2,055,087	2,463,583
Norvège...............	44	53.340	4,178	1,396,289	1.449,629
Canada	954	119,15.	6,440	1,191.738	1,310,896
Allemagne...	304	234,660	3,011	915,696	1,180,356
Italie.................	108	75,646	3,018	930,576	1,006,222
France..............	361	302,432	2,678	514,101	816,533
Russie...............	179	87,997	2,113	470,342	558.339
Suède.	243	66,204	1,985	404,958	471,162
Espagne.............	237	144,391	1,058	322,441	467,132
Hollande.............	112	81,048	1,119	342,545	523,593
Grèce................	13	11,019	1,770	341.770	352,789
Autriche	86	66,352	597	229,435	295,787
Danemark............	115	51,189	1,165	178,799	229,988
Portugal.............	19	12,513	434	99,841	112,354
Amérique du Sud......	89	40,822	262	89,387	130,209
Turquie..............	10	5,579	399	63.729	69,308

Dans le relevé ci-dessus ne sont compris que les bâtiments jaugeant plus de cent tonneaux.

Voici maintenant le nombre et le tonnage des navires à vapeur et à voiles construits pendant l'année 1881, dans les provinces ci-après désignés :

Provinces.	Steamers.	Navires à voiles.	Tonnage général.
Ontario.	28	22	4,293
Québec.	9	40	8,193
Nouvelle-Ecosse.	5	130	43,290
Nouveau-Brunswick. . . .	4	58	20,725
Ile du Prince-Edouard. . .		18	2,863
Total.	46	268	79,364

Ce qui donne, en moyenne, plus de 236 tonneaux et demi par navire.

Sur ce nombre il y a 39 steamers à hélice et 8 à roues ; et parmi les bâtiments à voiles, on compte : 53 trois-mâts, 23 bricks, 158 schooners et 35 navires de plus faible tonnage.

Les steamers transatlantiques qui font le service des ports canadiens, parcourent la voie la plus courte entre l'Europe et le continent américain.

Voici, du reste, la distance qui sépare Liverpool des principaux ports de l'Amérique du Nord :

Ports du Canada.

De Liverpool à		Milles.	Kilomètres.
	Halifax.	2,484	3,996.
	Québec.	2,502	4,025.

Ports des États-Unis.

De Liverpool à		Milles.	Kilomètres.
	Boston....	2,711	4,359.
	Portland...	2,750	4,425.
	New-York.	2,980	4,795.

Les passagers de cabine qui se sont embarqués à Liverpool pour l'Amérique, pendant l'année 1881, se sont partagés, comme suit, entre les lignes de steamers transatlantiques anglaises et américaines dont les noms suivent :

Cunard, 7,239. — White Star, 5,576. — Allan, 4,322. — Inman, 3,636. — Nationale, 2,348. — Guion, 1,849. — Américaine, 1,233. — Dominion, 569.

Du 21 avril au 30 novembre 1881, les navirs de la ligne Allan, qui voyagent entre Liverpool et Québec, en été, et, entre Liverpool et Halifax, en hiver, ont transporté 18,495 passagers de toutes classes. La durée moyenne de la traversée des steamers de cette ligne a été, pendant ce laps de temps, de 8 jours, 8 heures et 8 minutes, de Liverpool à Québec, et de 8 jours, 16 heures, 49 minutes de Québec à Liverpool.

NAVIGATION INTÉRIEURE

—

La ligne de navigation du Saint-Laurent et des lacs qui s'étend de Duluth, à la tête du lac Supérieur, au détroit de Belle-Isle, sur un parcours de 2,384 milles (3,835 kil.), est le plus grand débouché naturel du commerce de l'Amérique du Nord ; elle est facilitée par un système de canalisation des mieux entendus.

Les canaux qui se trouvent sur cette ligne sont ceux de Welland, des Gallops, du Rapide Plat, de la Pointe Farran, de Cornwall, de Beauharnois et de Lachine. Ils représentent collectivement près de 72 milles (115 kil.) de longueur, et ont coûté à l'Etat pas moins de $33,000,000 (165,000,000 fr.), tant pour le prix de la construction première que pour les améliorations qui ont été entreprises plus tard dans le but de les rendre accessibles aux navires de quinze à dix-huit cents tonneaux.

Le canal Welland, le plus considérable de tous, relie Port Colborne, sur le lac Erié, à Port Dalhousie, sur le lac Ontario ; il a vingt-huit milles (45 kil.) de longueur ;

Le canal des Gallops, qui a pour effet de tourner les rapides de la Pointe aux Iroquois, de la Pointe Cardinal et des Gallops, sur le Saint-Laurent, a sept milles cinq huitièmes (12 kil.) de longueur;

Le canal du Rapide-Plat, en face du rapide du même nom, a quatre milles (6 kil. 436 m.) ;

Le canal de la Pointe Farran a trois quarts de mille (1 kil. 206 m.) de longueur ;

Ces trois canaux sont généralement connus sous le nom de canaux de Williamsburgh ;

Le canal Cornwall, qui permet aux navires d'éviter les rapides du Long-Sault, a onze milles et demi (18 kil. 503 m.) de longueur.

Le canal Beauharnois, qui relie les lacs Saint-Louis et Saint-François et tourne les rapides du Coteau, des Cèdres et des Cascades, a onze milles un quart (18 kil. 101 m.) de longueur ;

Le canal de Lachine a huit milles et demi (13 kil. 676 m.) de longueur. Il s'étend de Montréal jusqu'au village Lachine, en face des rapides Saint-Louis.

Ces canaux réunis ont cinquante-quatre écluses; la durée moyenne de la saison navigable y est de deux cent vingt-cinq jours environ.

Il y en a aussi un certain nombre d'autres dont l'énumération serait trop longue, qui ont pour effet de rendre navigables les affluents les plus importants du Saint-Laurent, tels que les rivières Ottawa, Rideau, Richelieu et autres.

Le montant total dépensé pour la construction des canaux au Canada est de $41,832,564,41, sur lequel le gouvernement fédéral a fourni $21,629,-802,71 ; les gouvernements locaux $16,028,840,23 et le gouvernement impérial $4,173,921,47.

Le transport des grains et autres produits des Etats de l'Ouest se fait plus rapidement et à meilleur compte par les voies canadiennes que par celles des Etats-Unis ; car la distance de Chicago à Montréal par les lacs et les canaux Welland et du Saint-Laurent est de 1,261 milles (2,029 kil.), tandis qu'elle est de 1,400 milles (2,253 kil,) de Chicago à New-York par les lacs, Buffalo, le canal Erié et la rivière Hudson, ce qui fait une différence de 139 milles (224 kil.) en faveur de la voie canadienne.

Si on considère de plus que la distance entre Montréal et Liverpool est de 2,790 milles (4,489 kil.) par le Detroit de Belle-Isle, ou de 2,990 milles (4,811 kil.) par le cap Raze, et qu'elle est de 3,040 milles (4,891 kil.) de New-York au même port, la différence est de 408 milles (656 kil.), dans un cas, et de 208 milles (335 kil.) dans l'autre, en faveur de la route canadienne.

Les côtes de l'Océan et de l'intérieur sont pourvues d'un système de phares, de sifflets à vapeur et de télégraphie côtière et sous-marine, due aux efforts persévérants du commandant Fortin, qui assurent la sécurité de la navigation dans ces parages.

Il y a 553 phares et 32 sifflets et trompettes pour les temps de brume. Six cent seize personnes sont employées à ce service dont l'entretien revient à au moins $400,000 (2,000,000 fr.) par an.

Le tableau qui suit donne les dates de l'ouverture de la navigation sur le fleuve St-Laurent de l'arrivée des premiers navires océaniques et de leur départ de ce port, pendant les vingt dernières années :

Années	Arrivée des bateaux de Montréal	Arrivée des navires océaniques	Départ des navires océaniques
1862	30 avril	16 avril	29 nov.
1863	9 mai	4 mai	27 "
1864	21 avril	27 avril	30 "
1865	21 "	26 "	28 "
1866	26 "	28 "	1 déc.
1867	3 mai	16 "	29 nov.
1868	28 avril	23 "	28 "
1869	30 "	27 "	27 "
1870	25 "	17 "	2 déc
1871	18 "	22 "	27 nov.
1872	6 mai	30 "	26 "

Années	Arrivée des bateaux de Montréal	Arrivée des navires océaniques	Départ des navires océaniques
1873......	2 mai	28 avril	22 nov
1874......	10 "	28 "	25 "
1875......	9 "	29 "	29 "
1876......	9 "	6 mai	24 "
1877......	26 avril......	25 avril......	26 "
1878......	21 "	20 "	25 "
1879......	2 mai	29 "	23 "
1880......	1 "	30 "	27 "
1881......	27 avril......	1 mai	24 "
1882......	28 "	3 "	"

Le relevé ci-dessus établit que le port de Québec est accessible à la navigation pendant environ 7 mois de l'année.

VII

INSTRUCTION PUBLIQUE

—

Bien que susceptible encore de grands perfectionnements, les divers systèmes d'instruction publique en vigueur dans les provinces de la confédération canadienne, qui tous se rattachent par quelques points communs, n'en sont pas moins parmi les plus parfaits qui existent.

Dans toutes les provinces les systèmes scolaires sont bons, et, si l'on tient compte des difficultés sans nombre qu'ont eu à vaincre dans l'application, ceux qui, depuis quarante ans, ont voué leur vie et leur intelligence au développement de l'instruction au Canada, on a lieu d'être surpris des résultats obtenus.

Le relevé que nous avons fait des rapports pour l'année 1880-81 des départements de l'instruction publique des différentes provinces, ne peut manquer d'offrir quelqu'intérêt à tous ceux qui ont à cœur le perfectionnement moral du peuple canadien.

Comme c'est dans le Bas-Canada qu'ont eu lieu les premiers essais d'éducation tentés au Canada, nous commencerons par la statistique de l'instruction publique dans la province de Québec.

I

PROVINCE DE QUÉBEC

Dans un excellent ouvrage que l'honorable M. Chauveau, qui a été pendant dix-huit ans à la tête du département de l'Instruction publique du Bas-Canada et de la province de Québec, publiait, il y a quelques années, sous le titre de *Précis historique et statistique sur l'instruction publique au Canada*, nous trouvons de précieux renseignements sur les développements de l'éducation dans toutes les provinces de la Confédération, en général, et dans la province de Québec, en particulier.

M. Chauveau fait remonter à l'année 1616 les premiers essais d'instruction tentés dans la Nouvelle-France. Les premiers, les Récollets essayèrent d'inculquer les éléments de l'instruction aux populations indigènes. A cette époque, le frère Pacifique Duplessis faisait l'école aux enfants sauvages des Trois-Rivières, leur enseignant la lecture et l'écriture, en même temps que le catéchisme. Les relations du temps mentionnent aussi que vers 1632 les pères jésuites Lejeune et Lallemant faisaient l'école : le premier, aux sauvages et le second, aux enfants des premiers colons français qui fondèrent la colonie.

Dès 1637, un collège se construisait à Québec. Deux ans après, Mme de la Peltrie et la mère de l'Incarnation fondaient dans la même ville le couvent des Ursulines, qui ouvrit la première école de filles en la Nouvelle-France. D'un autre côté, M. de Maisonneuve, gouverneur de Montréal, faisait venir, en 1653, la sœur Marguerite Bourgeois, fondatrice, dans le Nouveau-Monde, de la Congrégation de Notre-Dame. Les religieuses de cet ordre, qui firent, pour la première fois, l'école dans un hangar, en 1657, comptaient déjà, en 1747, douze maisons d'éducation de plus ou moins d'importance, établies dans les principales paroisses de la colonie. Puis, en 1663, Mgr de Laval, évêque de Québec, établissait, dans sa ville métropolitaine, un grand séminaire auquel il adjoignait, cinq ans plus tard, le petit séminaire qui existe encore aujourd'hui. Dès avant 1740, les prêtres de St-Sulpice, établis depuis près d'un siècle (1647) à Montréal, y entretenaient des écoles de garçons, et fondaient plus tard, en 1773, le collège qui existe encore aujourd'hui.

Pendant assez longtemps, les progrès de l'instruction, ceux de l'instruction élémentaire surtout, furent lents dans le Bas-Canada. En raison des difficultés qu'éprouvaient les promoteurs de l'œuvre à obtenir les subsides suffisants pour la soutenir, à cause surtout de la mauvaise organisation du système lui-même, le clergé catholique avait dû s'emparer de l'initiative et marchait, la plupart du temps, avec ses propres ressources.

Cependant, lorsqu'en 1787 lord Dorchester chargea un comité du conseil exécutif de faire une enquête dans le but de porter remède à l'insuffisance de l'instruction publique dans le pays, il y avait déjà de 24 à 30 personnes par paroisse qui savaient lire et écrire, et la plupart des villages quelque peu populeux, entre autres, ceux de l'Assomption, Boucherville, Laprairie, Terrebonne, avaient des instituteurs.

En 1801 le Parlement votait une loi intitulée "Acte pour établir des écoles gratuites et pour le progrès de l'instruction," autorisant le gouvernement à établir une corporation sous le nom de " Institution Royale."

L'Institution Royale fit faire peu de progrès à l'instruction publique, tant qu'elle en eut le contrôle, c'est-à-dire, jusqu'à ce qu'elle fût dissoute par l'Acte d'Éducation de 1841.

Comme les parents catholiques étaient généralement peu disposés à envoyer leurs enfants à des écoles sous le contrôle d'une institution dont l'évêque anglican était président, et à laquelle l'évêque et le clergé catholiques n'avaient jamais voulu donner leur coopération, le parlement vota la loi dite " des écoles de Fabrique " qui autorisait le curé et les marguilliers à affecter un quart des revenus de leur corporation paroissiale au soutien d'écoles placées sous leur direction exclusive.

Une loi intitulée " Acte pour l'encouragement de l'éducation élémentaire," votée par la Législature, en 1829, établissait, entre autres choses, les syndicats d'écoles, et créait un fonds pour la construction des écoles. Quoique très incomplète encore, cette loi paraît avoir été le premier essai sérieux de législation fait pour l'organisation d'un système scolaire régulier.

Cependant, en 1836, le nombre des écoles primaires en activité n'était encore que de 1,321, et celui des élèves des deux sexes qui les fréquentaient de 36,000 environ. Néanmoins, M. Garneau, dans son histoire du Canada, porte à 57,000 le nombre total des élèves des maisons d'éducation de tout genre, à cette époque, ajoutant aux élèves des écoles primaires ceux des écoles indépendantes, des collèges et des couvents.

Dans cet entre-temps, plusieurs collèges, devenus, depuis, de grandes maisons d'éducation supérieure, furent érigés, grâce aux efforts et au zèle des membres du clergé et d'un certain nombre de laïques qui s'étaient dévoués au succès de cette noble cause. Parmi ceux-ci, et en première ligne, se trouvait M. Joseph F. Perrault, * protonotaire de Québec, ancien député à l'Assemblée Législative, qui consacra ses loisirs et une partie de sa fortune à cette œuvre éminemment patriotique. Ce philanthrope, qui mourut en 1844, à l'âge de quatre-vingt onze ans, est l'auteur d'un grand nombre d'ouvrages sur l'histoire du Canada, l'éducation et l'agriculture.

Pendant la session de 1835–36, on s'occupa quelque peu de régulariser le système d'éducation très défectueux qui existait alors. Le Parlement vota même, pour être appliquée à ces fins, une allocation de sept mille six cent vingt livres sterling (environ 190,000 fr.) Il décréta aussi l'établissement d'écoles normales à Montréal et à Québec, mais cette dernière loi n'eut pas d'effets immédiats.

Après l'union du Haut et du Bas-Canada, quel-

* La vie de M. J. F. Perrault a été publiée dernièrement par son petit-fils, M. le Dr P. Bender, de Québec.

ques réformes faites dans l'administration de l'instruction publique eurent l'effet de donner un nouvel essor à l'éducation dans la province française ; ainsi, tandis que le nombre des écoles primaires était, en 1847, de 1,613, ayant 63,281 élèves, un rapport fixe à 1,817 le nombre des écoles, et à 68,994 celui des élèves, en 1849. Les années suivantes, grâce aux lois que firent passer les gouvernements Lafontaine-Baldwin, en 1850, et Hincks-Morin, en 1852, l'augmentation qui se manifestait devint encore plus sensible, car en 1854, le nombre des institutions scolaires était déjà de 2,795, et celui des élèves de 119,737.

M. le docteur Meilleur, nommé en 1842 surintendant de l'Instruction publique, doit être considéré comme le créateur du système d'Education actuel. Il eut longtemps à combattre le mauvais vouloir de la majorité de la population d'alors, dont son énergique persévérance finit par triompher.

L'honorable M. Chauveau, qui lui succéda, et fut de 1855 à 1873 à la tête du département de l'Instruction publique, travailla ardemment à parachever l'œuvre de son prédécesseur.

C'est sous son administration qu'en 1857 trois écoles normales furent créées : deux catholiques et une protestante ; qu'un journal de l'Instruction publique, publié dans les langues française et anglaise, fut fondé et qu'une bibliothèque qui contint quinze à seize mille volumes, avant qu'une grande partie fut transférée au Parlement, fut installée dans les bureaux de l'Instruction publique.

De son côté, l'honorable M. Ouïmet, tant comme ministre de l'Instruction publique que comme surintendant, charge qu'il occupe depuis février 1876, * a su, par une administration intelligente et vigoureuse affermir notre système scolaire auquel il a fait subir plusieurs réformes utiles.

Dans son premier rapport comme ministre de l'Instruction publique (1874), l'honorable M. Ouïmet exprimait l'intention de fonder une école des Sciences appliquées aux Arts, et de créer des bibliothèques publiques. A la session suivante, la Chambre votait le crédit nécessaire pour mettre ces

---

" Les secrétaires du Département de l'Education—dit alors l'honorable M. Chauveau, dans son ouvrage sur l'Instruction publique au Canada"—le Dr Giard et le Dr Miles ont été confirmés dans leur charge, M. le Dr Giard exerce la sienne depuis vingt-huit ans, ayant été nommé sous l'administration du Dr Meilleur en 1848. Lorsqu'on connait les difficultés et les labeurs d'un poste semblable, on doit se faire une idée du mérite de celui qui a pu l'occuper si longtemps. Le Dr Miles. ancien professeur de l'Université de Lennoxville. est avantageusement connu par plusieurs ouvrages scientifiques et une série d'histoires du Canada, en langue anglaise à l'usage des écoles."

C'est en 1876 que M. le Dr Giard recevait ces éloges bien mérités de celui qui fut pendant dix-huit ans son chef, ce qui porte à près de 134 ans ses états de services.

C'est deux messieurs ont, depuis, pris leur retraite. Le Dr. Milnes, le 23 mars 1881, et le Dr. Giard, le 1er juillet 1882 ; le premier a été remplacé par M. Elison, J. Rexford et le second par M. Oscar Dunn.

deux projets à exécution. Depuis qu'il est surintendant, il s'est particulièrement occupé de la refonte des lois scolaires, dont un projet a été soumis par lui, pour premier examen, aux membres de la Législature à la session de 1880.

Système d'enseignement.—Dans un discours qu'il prononçait, le 26 juin 1880, devant le Congrès catholique, réuni à l'occasion de notre grande fête nationale, l'honorable Surintendant trace à grands traits les lignes principales de notre système d'instruction publique :

" Notre enseignement se divise en trois classes : dit-il :

1° L'enseignement supérieur.

2° L'enseignement secondaire.

3° L'enseignement élémentaire.

" Il est admis que nous avons un nombre relativement considérable de maisons affectées à l'éducation supérieure, et j'ai le plaisir de constater ici que toutes ont su se rendre recommandables et dignes d'être encouragées.

" Nous possédons trois universités qui ont le pouvoir par des chartes royales de conférer des degrés pour les Sciences et les Lettres.

" En premier lieu, je citerai l'Université Laval qui, comme chacun s'accorde à le reconnaître, est une des maisons de haute éducation les plus complètes qu'il y ait sur le continent américain ; puis, les excellentes universités protestantes anglaises McGill, à Montréal, et Bishop's College à Lennoxville.

" Viennent ensuite un assez grand nombre de collèges dont les cours classiques sont aussi complets qu'en aucun pays du monde.

" Dans la seconde catégorie nous trouvons l'Ecole polytechnique de Montréal, où l'on enseigne les différentes branches des arts et des sciences, qui a donné jusqu'ici des résultats exceptionnellement satisfaisants et fourni un certain nombre de sujets remarquables. Plusieurs anciens élèves de cette école occupent de bonnes positions comme architectes ou ingénieurs dans les différentes provinces du Dominion et ailleurs ; les écoles normales Laval, à Québec, Jacques-Cartier et McGill, à Montréal, d'où sont sortis la plupart des instituteurs distingués qui constituent le noyau principal de notre corps enseignant ; les *high-schools* de Québec et de Montréal ; un grand nombre d'académies catholiques et protestantes et les excellentes écoles dirigées par les frères des Ecoles chrétiennes.

" Toutes ces institutions, à l'exception de l'Université Laval des séminaires de Québec et de Montréal, reçoivent une subvention de l'Etat sur les sommes accordées, comme aide, à l'instruction publique.

" Mais pour nous tous, ce qui doit présenter le plus d'intérêt, c'est le développement qu'a acquis, comme je le faisais remarquer il y a un instant notre instruction élémentaire, c'est-à-dire, la seule, le plus souvent à la portée des classes peu aisées de nos campagnes, qui, dans tous les rangs de la société, sert de base à une instruction plus complète et dont dépend souvent l'avenir des enfants qui la reçoivent.

" Je dirai en peu de mots sur quoi repose notre système scolaire primaire, qui a été considéré comme un des plus parfaits qui existent par les hommes spéciaux chargés, pendant la dernière grande exposition de Paris, d'examiner les résultats obtenus par les systèmes en vigueur chez les différents peuples, et qui a valu à la province de Québec quatre diplômes, quatre médailles de bronze et quatre distinctions honorifiques de premier ordre.

" Pour l'application de ce système d'éducation, la province est divisée en municipalités scolaires régies par cinq commissaires d'écoles. Mais, quand dans une localité il existe un certain nombre de familles qui ne partagent pas les croyances religieuses de la majorité des habitants, celles-ci ont le droit d'avoir pour leurs enfants des écoles séparées qui sont contrôlées par trois syndics. Chacune de ces écoles reçoit alors du gouvernement une subvention proportionnée au nombre d'enfants d'âge à y assister.   Le montant que le gouvernement débourse ainsi chaque année, s'élève au chiffre assez rond de $165,000.

" Commissaires et syndics d'écoles.

" Ce dualisme est le corollaire du dualisme des religions et des nationalités qui se partagent le pays.   L'Etat protège également le Français et l'Anglais, et partant, les deux croyances religieuses. De fait, l'Etat s'unit aux deux cultes, et, en matière d'éducation, il n'autorise pas une école à être athée; mais, s'il lui demande d'être chrétienne pour lui accorder ses secours, il n'exige pas qu'elle appartienne à une église plutôt qu'à une autre.   Liberté pleine et entière sous ce rapport; et de là, harmonie parfaite dans la population.

" Ces deux corps de commissaires et de syndics représentent le peuple.   Ils administrent suivant la loi, chacun pour ceux dont ils sont les mandataires; donc, pas de conflit de religion, ni de nationalité.

" Nous n'avons pas de conseils, encore moins de leçons à donner à l'étranger; mais il nous est permis de nous féliciter d'avoir su appliquer si avantageusement pour nous le grand principe de la liberté de l'enseignement.

" Des inspecteurs d'écoles, au nombre de trente-six, sont tenus de faire, deux fois par année, la visite de chaque école et de fournir au Département de l'Instruction publique un état détaillé de leurs opérations.

« Enfin, pour aider le Surintendant dans ses travaux d'administration, on lui donne un conseil composé d'hommes hautement recommandables et offrant par leur honorabilité et leurs capacités reconnues toutes les garanties désirables, qui sont nommés par le gouvernement et choisis dans les différentes parties de la province. Qu'il me suffise de dire que dans ce conseil formé de dix-sept catholiques et de huit protestants, entrent, de droit, les huit évêques de la province, chacun d'eux représentant son diocèse, qui se trouve être pour lui une division scolaire, dont il surveille la direction morale et intellectuelle. Ce conseil général se divise en comités catholique et protestant, le premier composé de dix-sept membres, et le second de huit, ces derniers étant autorisés par la loi à s'adjoindre cinq membres supplémentaires.

« Le conseil général de l'instruction publique est présidé par le Surintendant dont la mission est de faire fonctionner tous les rouages de notre système scolaire. »

Division de l'enseignement. — L'instruction publique comprend cinq grandes divisions dont quelques-unes se subdivisent en plusieurs sections, savoir :

1° Les écoles supérieures ou universités.

2° Les écoles secondaires.

3° Les écoles normales.

4° Les écoles spéciales.

5° Les écoles primaires.

Universités. — Comme nous le voyons dans l'extrait du discours du Surintendant, plus haut cité, la province de Québec possède trois maisons d'éducation supérieure qui sont les universités " Laval," à Québec, " McGill," à Montréal, et le " Bishop's College," à Lennoxville.

L'*Université Laval*, qui est sans contredit une des maisons d'éducation supérieure les plus importantes de l'Amérique, a reçu sa charte impériale en 1852.

Cette institution fait partie du grand et du petit Séminaire de Québec, et est, comme ces maisons, complètement indépendante du gouvernement, de qui elle ne reçoit aucune subvention. Elle est administrée par un visiteur qui, en vertu de la charte, doit toujours être l'Archevêque de Québec, un recteur qui ne peut être que le Supérieur du Séminaire de Québec et un conseil composé de douze membres choisis parmi les professeurs de l'établissement, dont six sont ecclésiastiques et six laïques.

L'université comprend les facultés de théologie, de droit, de médecine et des arts ; cette dernière se subdivisant en deux sections : les sciences et les lettres. Les cours sont de quatre ans pour la théologie et la médecine, et de trois pour le droit ; il n'y a pas de cours réguliers pour la faculté des arts. Elle délivre pour chacune de ces facultés des degrés de bachelier, de licencié ou maître et de docteur.

Conformément à une décision de la Propagande, du 1er février 1876, l'Université Laval a établi une succursale à Montréal soumise aux mêmes règlements et jouissant de tous les privilèges de la maison-mère.

Le tableau suivant donne le nombre des élèves et des professeurs de l'Université Laval, ainsi que la quantité et le rang des degrés qu'elle a délivrés en 1880-81.

	PROFESSEURS.			ETUDIANTS.			DEGRÉS.		
	Québec.	Montréal.	Total.	Québec.	Montréal.	Total.	Bacheliers.	Licenciés.	Docteurs.
Théologie..	6	12	18	50	215	265	6	2	1
Droit......	6	8	14	74	83	157	16	7	..
Médecine..	11	15	26	63	40	103*	17	5	8
Arts......	14	..	14	74	..	74	17	4	..
Total..	37	35	72	269	333	599	56†	18	9

* Il y a aussi 8 élèves en pharmacie.
† Plus 3 bacheliers en droit canon, 2 bacheliers-ès-lettres et 4 bacheliers-ès-sciences.

Les musées d'anatomie et d'ethnologie et les col-
lections géologiques, minéralogiques et botaniques
de l'Université Laval sont fort remarquables.

La bibliothèque, qui possède probablement la
collection la plus complète qui existe des ouvrages
publiés sur le Canada et toute l'Amérique contient,
près de 70,000 volumes collectionnés avec soin et
intelligence.

L'université McGill, ainsi appelée du nom de
son fondateur, qui lui a légué des biens-fonds d'une
valeur considérable, a été de fait fondée en 1811,
quoique sa charte ne date que de 1827. Elle est
protestante, mais sans distinction de secte, et est
administrée par douze directeurs nommés par l'Exécutif. Le Gouverneur-Général en est visiteur *ex-
officio*. Un high school, une école des sciences
appliquées aux arts, une école normale et ses écoles
modèles annexes dépendent de cette institution
qui, depuis sa fondation, a rendu d'immenses services à la cause de l'instruction supérieure.

Les cours sont de quatre ans pour la médecine,
les arts et les sciences appliquées aux arts, et de
trois ans pour l'étude du droit.

Elle est dirigée par 43 professeurs dont quelques-
uns sont d'origine française.

Voici le nombre des élèves qui ont suivi les différents cours et qui ont été gradués par cette université pour l'année 1880-81.

Elèves.		*Diplômes et Grades.*	
Droit	67	Bacheliers en loi	23
Médecine	166	Docteurs en médecine	38
Arts	133	Bacheliers-ès-arts	9
Sciences appliquées aux arts	30	Bacheliers-ès-sciences appliquées aux arts	3
	396		73

L'*Université de Lennoxville* ou *Bishop's College*, située près de Sherbrooke, fut fondée en 1843 par l'évêque anglican de Québec, le très révérend Dr Mountain, mais sa charte ne lui a été octroyée qu'en 1852.

Quoiqu'elle délivre des degrés pour la théologie et les arts, et qu'elle possède depuis peu une faculté de droit *, cette institution semble être plus particulièrement destinée à former des théologiens pour l'Eglise anglicane. La durée des cours est de deux ans pour la théologie et de trois pour le droit et les arts.

Faisant partie de la même administration que l'Université, se trouve un " high school " où le cours d'études dure cinq ans.

Il y a quatre professeurs employés à l'Univer-

* Cette faculté de droit a été établie en octobre 1880.

sité et quatre pour le high School. En 1881 l'Université comptait 29 élèves et le high School 52.

Instruction secondaire. — La deuxième division comprend 1° les collèges-classiques et industriels, 2° les académies.

Collèges classiques.—Il y a 26 collèges classiques dont 18 catholiques et 8 protestants.

Les premiers sont ceux de l'Assomption, Bourget (Rigaud), Chicoutimi, Joliette, Lévis, Montréal, Nicolet, Québec, Sainte-Anne Lapocatière, Saint-Germain de Rimouski, Saint-Hyacinthe, Saint-Laurent, Sainte-Marie (Jésuites à Montréal),Sainte-Marie de Monnoir, Sainte-Thérèse, Sherbrooke, Sorel et Trois-Rivières ;

Et les seconds, les high schools de Montréal, de Québec, de Saint-Jean d'Iberville et de Missisquoi, les collèges Morrin (Québec), de Lennoxville, Saint-Francis (Richmond), et Stanstead.

En 1881, les collèges classiques avaient collectivement 4,253 élèves, 3,521 catholiques et 722 protestants. Sur ce nombre 1339 étaient pensionnaires, 1,302 demi-pensionnaires et 1,612 externes. On y comptait 334 professeurs : 289 ecclésiastiques et 45 laïques.

Collèges industriels.—Il y a 13 collèges industriels : 12 catholiques et 1 protestant, savoir : les collèges industriels catholiques de Arthabaskaville, Dufresne (Montmagny), L'Islet, Laval, Longueuil, Saint-Césaire, Saint-Jérôme, Trois-Rivières, Varennes, Verchères, Sainte-Marie (Beauce) Saint-Michel, et le collège industriel protestant de Lachute.

Les collèges industriels étaient fréquentés par 3,712 élèves ; 3,549 catholiques et 163 protestants, le tout divisé entre 328 pensionnaires 424 demi-pensionnaires et 2,960 externes, et dirigés par 125 professeurs, dont 108 ecclésiastiques et 17 laïques.

Académies.—Les académies se divisent en *académies mixtes, académies de garçons et académies de filles.*

On compte :

31 académies mixtes fréquentées par 1,092 garçons et 1,328 filles ;

46 académies de garçons avec 8,553 élèves ;

118 académies de filles dont la plupart sont dirigées par des religieuses et qui ont 16,155 élèves.

Les académies mixtes et les académies de garçons comptent collectivement 221 professeurs, savoir: 77 instituteurs ecclésiastiques et religieux et 72 laïques, et 34 institutrices laïques et 38 religieuses.

Les académies de filles sont dirigées par 520 religieuses, et 24 institutrices laïques.

Parmi ces institutions nous devons citer comme venant au premier rang l'Académie commerciale du Plateau, à Montréal, à laquelle sont attachées une Ecole polytechnique, dont le Surintendant de l'instruction publique a cru devoir faire une mention spéciale dans le discours dont nous avons déjà reproduit quelques extraits, et une Ecole des Sciences appliquées aux arts. Ce magnifique établissement qui n'a pas coûté moins de $84,279 est sous l'habile direction de M. E. U. Archambault, qui a représenté avec tant d'intelligence le Département de l'Instruction publique de la province de Québec à la dernière exposition universelle de Paris, et de 14 professeurs. Cette maison et plusieurs autres bâties depuis quelque temps par les commissaires d'écoles catholiques de Montréal, sont d'élégantes et riches constructions qui dénotent autant de bon goût que de zèle pour la cause de l'instruction publique, de la part de ceux qui la dirigent dans cette grande cité.

Ecoles primaires.—Les écoles primaires se divisent en deux sections : les *écoles primaires supérieures et les écoles élémentaires.*

La première section comprend les écoles modèles de garçons et de filles, et les écoles modèles dissidentes et indépendantes ; et la seconde, les écoles élémentaires, sous contrôle des commissaires, les dissidentes et les indépendantes.

Les écoles primaires supérieures sont au nombre de 388 et sont dirigées par 1051 instituteurs ou institutrices, savoir : 196 professeurs ou instituteurs, dont 86 sont ecclésiastiques ou appartiennent à différents ordres religieux, et 110 sont laïques, et par 855 institutrices, dont 577 religieuses et 278 laïques.

Quant aux élèves, au nombre de 37,839 qui fréquentent ces différentes écoles, ils se répartissent comme suit, dans chacune d'elles :

ÉCOLES PRIMAIRES SUPÉRIEURES.	Nombre des Écoles.	Garçons	Filles.	Total des Élèves.
Ecoles modèles de garçons...	89	6,648	......	6,648
" " de filles......	36	....	2,929	2,929
" " mixtes....	156	6,057	6,350	12,407
Ecoles primaires supérieures dissidentes catholiques....	3	30	70	100
Ecoles primaires supérieures dissidentes protestantes....	14	510	342	852
Ecoles primaires supérieures indépendantes............	90	5,209	9,694	14,903
	388	18,454	19,385	37,839

La plupart de ces écoles reçoivent une allocation sur les fonds de l'éducation supérieure.

Les écoles élémentaires sont au nombre de 4,156 fréquentées par 162,968 élèves dont la division se fait comme ci-dessous :

ÉCOLES ÉLÉMENTAIRES.	Nombre des Écoles.	Garçons.	Filles.	TOTAL.
Écoles sous contrôle des commissaires..........	3,742	73,719	72,644	146,363
Écoles dissidentes catholiques................	69	1,416	1,429	2,845
Écoles dissidentes protestantes..............	183	2,492	2,267	4,759
Écoles indépendantes....	162	3,576	5,425	9,001
Total	4.156	81,203	81,765	162,968

Écoles spéciales.—Les écoles spéciales comprennent :

Une école polytechnique et deux écoles des sciences appliquées aux arts ; les deux premières dépendant de l'établissement du Plateau, et l'autre de l'Université McGill.

Douze écoles des arts et manufactures, sous le contrôle du Conseil des arts et manufactures.

Un institut des aveugles, fondé par le révérend M. Rousselot, curé de Notre-Dame de Montréal, et placé sous les soins des sœurs de Charité.

Deux instituts de sourds-muets, établis à Montréal : l'un pour les garçons et l'autre pour les filles ; le premier dirigé par les frères de St-Viateur, et le second par les sœurs de la Providence.

Un institut de sourds-muets protestants établi par M. McKay, à Montréal.

Ecoles normales. Les écoles normales, établies en 1857, sont au nombre de trois : l'école normale Laval, à Québec, et les écoles normales Jacques Cartier et McGill, à Montréal. Les deux premières sont catholiques et françaises, et la troisième anglaise et protestante, sans distinction de secte.

Les écoles normales Laval et Jacques Cartier ont des pensionnats où le prix d'admission est très minime et pour lesquels on accorde, au concours, un certain nombre de bourses et de demi bourses tous les ans. Les jeunes gens qui se font admettre dans ces institutions s'engagent à enseigner au moins pendant trois ans après leur sortie de l'école, sous peine d'une amende de $40.00 et du remboursement du surplus du prix de la pension dont ils auront ainsi profité, en cas d'inexécution de leur engagement. Les brevets qu'elles donnent aux élèves sortants sont divisés en trois catégories : *Académie, école modèle et école élémentaire.*

L'école normale Laval comprend deux pensionnats, l'un pour les garçons, l'autre pour les filles. Le premier est sous la direction immédiate de M.

l'abbé Lagacé,* principal de l'Ecole normale, et le second est confié aux soins des religieuses Ursulines. A chacun de ces pensionnats est attachée une école modèle annexe.

Pendant l'année scolaire 1880-81, l'école normale des garçons avait 10 professeurs, dont 8 laïques et 2 ecclésiastiques, et 52 élèves, dont 10 externes, sur lesquels 35 ont obtenu des brevets de capacité. L'école normale de filles, qui comptait 60 élèves, toutes internes, dont 44 ont eu des diplômes, était dirigée par 16 professeurs sur lesquels il y avait 12 religieuses, dont quelques-unes font la classe aux enfants de l'école modèle annexe au nombre de 317 élèves : 115 garçons et 202 filles.

L'école normale Jacques Cartier, dirigée depuis un grand nombre d'années par M. l'abbé Verreau, † a les mêmes règlements que l'école normale Laval de Québec. En 1880–81 elle comptait 9 professeurs, dont 2 ecclésiastiques, et 76 élèves, dont 14 externes. Vingt-neuf diplômes y furent décernés,

---

* M. L'abbé Lagacé, avantageusement connu dans les sciences et les lettres a publié des livres de lecture très pratiques et fort appréciés de tous ceux qui se livrent à l'enseignement.

† M. Verreau, principal de l'école normale Jacques Cartier depuis sa fondation, est un érudit et un chercheur infatigable qui a enrichi nos archives historiques d'un grand nombre de documents ignorés. Il a condensé dans deux volumes intitulés " Invasion du Canada en 1775 " une foule de notes précieuses et inédites. Il fut un des fondateurs de la Société historique de Montréal, en 1858, et c'est un de ceux qui a le plus contribué au succès de cette institution.

7 d'académie, 8 d'école modèle et quatorze d'école élémentaire.

L'Ecole normale McGill dépend de l'université de ce nom. Elle est mixte et les cours y sont de trois ans. Pendant l'année scolaire 1880–81, il y avait 9 professeurs et 127 élèves,—12 garçons et 115 filles,—dont 81 ont obtenu des diplômes. A l'école modèle de filles qui y est attachée, il y avait 330 élèves,—165 garçons et 165 filles.

A l'école normale comme à l'école modèle, tous les élèves sont externes.

Toutes les écoles normales avaient collectivement 44 professeurs des deux sexes et 315 élèves. Elles ont accordé 189 diplômes pendant l'année scolaire 1880–81.

Ces institutions ont servi jusqu'ici de pépinières à la partie laïque du corps enseignant. Les personnes recommandables qui sont à la tête de ces établissements, sont une sécurité pour ceux qui pourraient craindre les effets de l'éducation laïque, elle qu'elle est entendue dans certains pays. Aussi, les instituteurs et les institutrices qui en sortent, donnent-ils des garanties aussi complètes que possible tant pour la science pédagogique que pour les principes de saine morale qu'on leur y a inculqués.

Le tableau ci-après donne le nombre et la qualité des diplômes qui ont été accordés aux élèves ces trois écoles depuis leur fondation :

Classe des brevets.	Jacques Cartier.	McGill.			Laval.			Nombre d'élèves Instituteurs.	Nombre d'élèves Institutrices.	Grand Total.
	Elèves Instituteurs.	Elèves Instituteurs.	Elèves Institutrices.	Total.	Elèves Instituteurs.	Elèves Institutrices.	Total.			
Académie.........	81	45	64	109	75	—	75	201	64	265
Ecole-Modèle....	205	84	355	439	222	402	624	511	757	1268
Ecole-Elémentaire	151	40	828	868	204	515	719	395	1343	1738
Totaux....	437	169	1247	1416	501	917	1418	1107	2164	3271

Instituteurs.—Les personnes des deux sexes qui, dans la province de Québec, se vouent à l'enseignement sont au nombre de 6,906, mais les instituteurs et les institutrices proprement dits ne comptent que pour 6,436, savoir : 1,077 instituteurs et 5,359 institutrices.

Parmi les instituteurs, 569 appartiennent à des ordres religieux, et parmi les laïques 479 ont des diplômes de différents degrés, et 29 n'en ont pas.

Il y a 1,297 institutrices religieuses, 3,858 laïques diplômées et 204 non diplômées.

La répartition s'en fait comme suit dans les villes et les campagnes :

VILLES.				CAMPAGNES.			
Instituteurs.		Institutrices.		Instituteurs.		Institutrices.	
Relig.	Laïq	Relig.	Laï.	Relig.	Laïq	Relig.	Laïq.
336	140	639	322	233	368	658	3,740

Le corps enseignant est peu rémunéré dans la province de Québec ; aussi trouvons-nous que sur les 601 instituteurs de la campagne, 318 ont un salaire de moins de deux cents piastres par an, de même que sur les 4,398 institutrices, 2,268 n'en ont pas cent; 109 seulement reçoivent plus de deux cents piastres.

Quoique dans les villes les traitements des instituteurs et des institutrices soient nécessairement un peu plus élevés, il n'est pas suffisant, en règle générale, pour reconnaître les services que rend à la société ce groupe de personnes dévouées, dont le Surintendant parlait dans les termes suivants, dans le discours que nous avons déjà eu plusieurs fois occasion de citer .

" Je ne pourrais terminer le court résumé que je viens de faire de notre système scolaire,—disait-il, —sans appeler votre attention sur celui qui en est la cheville ouvrière : l'instituteur dont le rôle effacé n'est pas toujours, tant s'en faut, apprécié à sa juste valeur. On tient généralement peu compte de la somme considérable de dévouement que doivent posséder les instituteurs et les institutrices qui se consacrent à l'instruction de nos enfants. On oublie trop souvent que les personnes qui se livrent à l'enseignement, exercent une sorte de sacerdoce et ne font pas un métier. On ne se rappelle pas assez que leurs fonctions sont tout intellectuelles et morales, et qu'elles sont responsables vis-à-vis de la société des enfants qui leur sont confiés et dont elles peuvent si facilement fausser le cœur et le caractère, si elles ne possèdent pas la vocation de l'apostolat auquel elles se sont vouées. Car, si l'instruction fait des savants, l'éducation morale et chrétienne seule fait de bons citoyens. Et que donne-t-on à l'instituteur en échange de tant de dévouement, du sacrifice des plus belles années de sa jeunesse, et souvent de sa vie entière ? Rien ou à peu près rien. Le plus souvent une vieillesse nécessiteuse attend ceux qui se sont dévoués à l'accomplissement de leurs devoirs difficiles."

Depuis que ces paroles ont été prononcées, outre que des personnes dévouées à la cause de l'éducation s'occupent de faire établir un *minimum* de traitement pour les instituteurs et les institutrices, la législature de Québec leur a voté, pendant la session de 1880, une loi de retraite. Aujourd'hui, moyennant deux pour cent, payés sur le montant de leur traitement annuel, les instituteurs et institutrices ont droit à une pension en rapport avec le nombre d'années passées dans l'enseignement.

Coût de l'instruction publique. Le montant payé tant par le gouvernement que par les contribuables pour les fins de l'éducation, pendant l'année scolaire 1880-81, a été de $2,354,390.26, dont $357,254 ont été fournies par le gouvernement. Sur cette somme $2,152,529.62 ont été affectées aux écoles communes seulement.

Etat général de l'instruction publique. Le tableau suivant donne pour l'année scolaire 1880-81 le chiffre exact des maisons d'éducation et écoles, des professeurs, instituteurs et institutrices qui les dirigent, et des élèves qui les fréquentent, de chacune des divisions qui constituent le système scolaire de la province de Québec :

INSTITUTIONS.	Nombre.	Professeurs	Élèves.
Universités	3	119	1,013
Écoles secondaires........	234	1,200	35,093
Écoles normales..........	3	44	315
Écoles spéciales..........	19	101	1,539
Écoles primaires.........	4,544	5,451	200,807
	4,803	6.915	238,767

La population de la province de Québec étant, d'après le dernier recensement, de 1,359,027 âmes, il y aurait ainsi, en moyenne *un* élève par moins de *six* habitants.

II

ONTARIO

Dispositions générales. Bien que dans la province d'Ontario des écoles de grammaire aient été établies dans huit districts, dès l'année 1807, la première loi de l'Instruction publique n'y date que de 1816, et la nomination d'un surintendant ainsi que l'organisation d'un système scolaire, de 1844.

L'instruction publique est gratuite et obligatoire. De sept à douze ans les enfants sont tenus d'aller à l'école, au moins pendant quatre mois de l'année. Dans le cas contraire, les parents ou tuteurs sont passibles d'une amende de $5.00, qui est portée jusqu'à $10.00, en cas de récidive. Cependant les enfants ne sont pas obligés de fréquenter une école d'une dénomination religieuse autre que celle à laquelle ils appartiennent.

Système scolaire. Le système scolaire d'Ontario a subi d'importants changements en 1876 :

L'instruction publique, qui était avant cette époque sous la direction d'un surintendant et d'un conseil, est actuellement sous le contrôle exclusif d'un comité du conseil exécutif, présidé par le Ministre de l'Instruction publique.

Ainsi constitué, le Département de l'Instruction publique administre les maisons d'éducation supérieure, les écoles normales et leurs écoles modèles annexes et les écoles primaires,

High schools et instituts classiques. Il doit y avoir au moins un *high school* dans chaque comté ou union de comté. On y enseigne la physique, la chimie, l'histoire naturelle, et les mathématiques. L'étude du latin, du grec, du français et de l'allemand est facultative.

Dans les instituts classiques, l'enseignement du latin et du grec est obligatoire.

Voici quel était l'état de ces institutions pour l'année scolaire 1880-81 :

Nombre des institutions................ 104
Nombre des professeurs............. 335
Nombre des élèves................... 12,910
Montant payé pour traitement des professeurs.................... $247,894,63
Montant affecté aux dépenses des *high schools*................... 413,929,75

Ecoles normales. Il y a deux écoles normales : celle de Toronto, ouverte en 1847, et celle d'Ottawa, de fondation plus récente (1876). A chacune d'elles sont attachées deux écoles modèles annexes, l'une pour les garçons et l'autre pour les filles.

Le cours est d'une année partagée en deux termes, l'un du 8 janvier au 15 juin, et l'autre du 8 août au 22 décembre.

Le programme des études se compose, en outre des matières enseignées dans les écoles élémentaires, de la pédagogie, des lois scolaires, de la géographie, des histoires ancienne, moderne et du Canada, de la physique, de la chimie, de l'histoire naturelle, des mathématiques, de la littérature anglaise, du dessin et de la musique vocale.

Voici le nombre des élèves qui ont suivi les cours des écoles normales pendant l'année 1881.

Toronto	garçons	99
	filles	61
	Total	160
Ottawa	garçons	97
	filles	77
	Total	174

Les écoles modèles annexes étaient fréquentées par 566 élèves.

Écoles publiques.—Les écoles publiques se divisent : 1° en Écoles communes, 2° en Écoles séparées.

La direction de ces écoles pour chaque district est confiée à trois syndics élus par les contribuables. Les syndics sont nommés pour trois ans, un d'eux sortant de charge tous les ans.

Chacune de ces écoles peut être divisée en six classes. On y enseigne :

Dans la 1re—La lecture, l'épellation, l'arithmétique, la géographie, le dessin et la musique.

Dans la 2e—On commence à étudier la grammaire et la composition.

Dans la 3e—La chimie et la botanique.

Dans la 4e—L'histoire générale, la littérature; l'histoire naturelle et la physiologie.

Dans les 5e et 6e—La physique, l'algèbre, la géométrie, le mesurage et la tenue des livres.

Le tableau suivant donne un état des élèves qui fréquentaient les 4,941 écoles publiques de la province d'Ontario et des instituteurs qui y enseignaient dans le cours de l'année scolaire 1880–81.

Garçons 255,677
Filles 227,368

Total................ 483,045

Instituteurs   3,264
Institutrices........................   3,483
                                         ——
                    Total.............   6,747

Inspecteurs d'écoles. — Pour assurer le bon fonctionnement du système scolaire, il y a trois inspecteurs de lycée et soixante-dix-huit inspecteurs pour les écoles communes. Les écoles séparées ont des inspecteurs catholiques parmi lesquels on compte un certain nombre d'ecclésiastiques

La moyenne des émoluments des inspecteurs d'écoles est de $1,143 par an.

Instituteurs.—Une somme de $2,113,180 a été affectée en 1880-81 au paiement du traitement des instituteurs et institutrices des écoles publiques. Les chiffres qui suivent donnent la moyenne, le maximum et le minimum de leurs traitements.

	Ecoles de Comtés.			Ecoles de Villes.			Ecoles de Cités.		
	Moy.	Max.	Min.	Moy.	Max.	Min.	Moy.	Max.	Min.
Instituteurs.	382	900	120	564	1000	200	713	1000	300
Institutrices.	241	....	....	256	....	....	324	....	....

Moyennant une retenue de $4,00 par an sur leur traitement, les instituteurs et institutrices ont droit à une retraite. Une somme de $49,129.43 a ainsi été répartie, en 1881, entre 399 instituteurs et institutrices retirés de l'enseignement. La moyenne de ces pensions est de $100 à $125.

Écoles catholiques dissidentes.—Cinq chefs de famille catholiques, propriétaires de biens-fonds et tenant feu et lieu, peuvent réclamer une école séparée et élire trois syndics qui ont les mêmes pouvoirs que ceux nommés pour les autres écoles communes. Les dissidents se trouvant tenus de contribuer à l'entretien d'une école séparée sont exempts de toutes autres taxes scolaires.

En 1880-81 les dissidents catholiques romains comptaient :

Ecoles............................... 196
Elèves............................... 25,311
Instituteurs......................... 100
Institutrices........................ 244
Traitement des instituteurs et institutrices.............................. $77,285.25
Montant total affecté à ces écoles.... $128,463.15

Progrès graduel de l'instruction.—Le tableau suivant indique le progrès qui s'est opéré dans les écoles sous contrôle du département de l'Education, à Ontario depuis sa fondation.

Années.	High-schools et instituts classiques.		Ecoles publiques.		Ecoles catholiques romaines séparées	
	No.	Elèves.	No.	Elèves.	No.	Elèves.
1842	....	....	1.721	65,978	....	....
1852	60	2.343	2,992	179,587	18	....
1862	91	4,982	3,995	329,033	109	14,700
1872	104	7,935	4,496	433,226	171	21,406
1881	104	12,910	4,941	457,734	196	25,311

Institutions indépendantes protestantes.—En outre des institutions qui font partie du système scolaire, il y a aussi les maisons d'éducation qui en sont indépendantes.

Il y a treize universités et collèges.

En première ligne se trouve l'université de Toronto, dont la charte date de 1827, mais qui ne fut de fait ouverte qu'en 1843 et à laquelle se trouvent affiliées la plupart des autres maisons d'éducation supérieure indépendantes dont plusieurs ont des facultés de droit et de médecine et qui sont au nombre de 16, parmi lesquelles on compte :

Le "Queen's College" de Kingston, qui possède des facultés de théologie et des arts (presbytérien.)

Le "Trinity College" de Toronto, université anglicane, ouverte le 15 janvier 1852.

L'université méthodiste " Victoria " à Cobourg.

L'université " Albert " à Belleville.

Le " Huron College, " London.

Le " Knox College, " institution théologique presbytérienne.

Ces différentes institutions ont des succursales pour les jeunes filles, entre autres le " Bishop Strachan's School, " à Toronto, qui dépend de Trinity College.

" L'Alexandra College " de Belleville, qui est une annexe de l'université Albert.

Le " Helmuth Ladies College, " à London.

Maisons d'éducation indépendantes catholiques.—Il y a aussi les maisons d'éducation catholiques romaines, telles que le Grand Séminaire, et le collège St-Joseph qui a été érigé en université en 1866, toutes deux dirigées par les pères Oblats.

Le collège St-Michel, à Toronto, et le collège de l'Assomption, à Sandwich, sous la direction des frères de l'ordre de St-Basile.

Les frères de la Doctrine Chrétienne ont des écoles très fréquentées à Toronto, Kingston, Ottawa et plusieurs autres villes

Les sœurs de la Congrégation de Notre-Dame possèdent des établissements florissants dans les diocèses d'Ottawa et de Kingston, et les religieuses de Lorette et de St-Joseph, dans ceux de Toronto et d'Hamilton.

Enfin, les dames du Sacré-Cœur, à London, les Ursulines, à Chatham, et les sœurs de Jésus-Marie, à Windsor, dirigent des pensionnats où l'éducation ne laisse rien à désirer.

Ecoles du dimanche.—Dans cette nomenclature scolaire on ne doit pas oublier les " *Ecoles du dimanche* " qui sont aux Protestants ce que les catéchismes sont aux Catholiques, et qui, au nombre de 3,500 ne comptent pas moins de 197,000 élèves ; et les " *Instituts d'Artisans,* " établissements subventionnés par le gouvernement, où, dans des cours du soir, on enseigne gratuitement aux ouvriers adultes la grammaire, l'arithmétique, la calligraphie, la tenue des livres, le dessin et, en un mot, tout ce qui peut être nécessaire à l'éducation d'un artisan.

Bibliothèques publiques.—Les bibliothèques publiques sont, y compris celles des écoles du dimanche, au nombre de 4,318, et contiennent environ 1,400,000 volumes.

Etat général.—En 1880-81 le nombre des institutions scolaires de toutes sortes de la province d'Ontario était de 5,245.

Ces institutions étaient fréquentées par 496,855

élèves. Le montant total de leurs dépenses a été de $3,414,267.

La proportion de 1 élève par moins de quatre habitants que l'on trouve à Ontario prouve combien on a à cœur le développement de l'éducation dans cette province.

III

NOUVEAU-BRUNSWICK

Dispositions générales. — Quoique les catholiques comptent pour environ un tiers dans la population du Nouveau-Brunswick, la loi d'éducation de 1872 leur a enlevé le privilège d'avoir des écoles séparées comme dans les autres provinces.

En vertu de cette loi, tout enseignement religieux est aboli dans les écoles soumises au contrôle du gouvernement, par les clauses suivantes :

" Toutes les écoles seront non-confessionnelles
" (*non sectarian*)."

" Aucuns symboles ou emblêmes particuliers à
" aucune société nationale ou à aucune *organi-*
" *sation religieuse* ne seront montrés ou employés
" dans l'école, soit dans l'installation de l'école ou

« dans les leçons qui y seront données, soit sur la
« personne d'aucun instituteur ou élève. »

Afin de suppléer jusqu'à un certain point au défaut d'enseignement religieux dans les écoles, les instituteurs sont tenus de donner à leurs élèves des leçons de morale et de leur faire des dissertations sur les vertus et les vices.

Néanmoins, depuis la mise en vigueur de la nouvelle loi scolaire, les catholiques font tous leurs efforts pour entretenir des écoles indépendantes.

Système scolaire.—Le département de l'instruction publique se compose d'un surintendant et d'un conseil d'éducation, dont font partie le Lieutenant-Gouverneur, les membres du Conseil exécutif, le président de " l'Université du Nouveau-Brunswick, " et le Surintendant, qui en est le secrétaire.

La distribution des pouvoirs respectifs du Conseil d'éducation et du Surintendant est, à peu de chose près, la même que dans les provinces d'Ontario et de Québec, si ce n'est que l'initiative laissée à ce dernier y est plus limitée.

La province est divisée en districts scolaires qui doivent contenir au moins cinquante enfants en âge de fréquenter l'école.

Les écoles sont sous la direction de syndics élus pour chaque district ; elles sont gratuites et entretenues au moyen d'une subvention du gouvernement et des cotisations locales, perçues, les unes, sur tout le comté, et les autres, sur le district scolaire seulement.

L'année scolaire qui finit le 30 avril, se partage en deux termes : le terme d'hiver et le terme d'été ; chacun d'eux représentant un certain nombre de jours d'école déterminés par le Conseil d'éducation.

" Université du Nouveau-Brunswick." L'"Université du Nouveau-Brunswick," établie en 1800 par charte provinciale, sous le nom de " Collège du Nouveau-Brunswick," et plus tard, en 1828, par charte royale, sous le nom de "King's College," est la maison de haute éducation la plus importante du Nouveau-Brunswick. On y délivre des degrés de maître-ès-arts, de bachelier-ès-sciences, de bachelier, de docteur-ès-loi et de docteur en philosophie. Cette institution, qui est considérée aussi comme école de grammaire du comté d'York, est dirigée par un bureau d'administration composé de douze membres.

Ecoles publiques. Les écoles sous le contrôle du gouvernement sont les écoles de grammaire, et les écoles primaires supérieures et élémentaires.

Ecoles de grammaire.—Il y a une école de grammaire par comté. Elles sont au nombre de 14. On y étudie l'histoire universelle, l'histoire du Canada et l'histoire d'Angleterre, la composition anglaise, le latin, le grec, le français, l'algèbre, la géométrie, la chimie, le dessin industriel, etc.

Il y avait 618 élèves, 14 principaux et 38 professeurs pendant le terme d'été, et 589 élèves, 14 principaux et 36 professeurs pendant le terme d'hiver, en 1880-81.

Écoles primaires supérieures.—Dans les écoles primaires supérieures on enseigne, à peu d'exceptions près, les mêmes matières que dans les écoles de grammaire. Il ne peut y en avoir qu'une seule par paroisse.

Pendant l'année 1880-81, cinquante-trois de ces écoles étaient en opération et comptaient 2,430 élèves et 67 professeurs.

Écoles élémentaires.—Le nombre des écoles élémentaires en opération pendant le terme d'été 1880, était de 1,368 avec 52,739 élèves (26,280 garçons et 26,459 filles), et 1,410 instituteurs ou institutrices, et pendant le terme d'hiver 1881, de 1,297 avec 49,550 élèves (27,195 garçons et 22,355 filles), et 1,356 instituteurs et institutrices. On évalue à 65,631 le nombre des élèves qui ont suivi ces écoles pendant l'année scolaire 1880-81.

École normale. Le Nouveau-Brunswick possède à Frédéricton, une école normale et une école modèle annexe. On y est admis, après avoir passé un examen, et les diplômes qui s'y délivrent sont de trois degrés différents,

Pendant l'année 1880-81, les cours de l'école normale furent suivis par 81 élèves maîtres et 181 élèves maîtresses. L'école modèle fut fréquentée par 73 garçons et 121 filles, pendant le terme d'été 1880, et par 78 garçons et 110 filles, pendant le terme d'hiver 1881.

Instituteurs.—Voici la moyenne du traitement annuel des instituteurs et institutrices qui étaient au nombre de 1410 en 1881 ; 479 instituteurs et 932 institutrices.

Classes.	Instituteurs.	Institutrices.
1ère	$523	$352
2e	340	248
3e	227	182

Les instituteurs n'ont point de retraite, quoique le Surintendant ait appelé à diverses reprises l'attention du gouvernement sur l'importance de cette mesure.

Inspecteurs d'Ecoles.—Il n'y a que 14 inspecteurs.

Pour être nommé, le candidat à la charge d'inspecteur d'écoles doit préalablement obtenir un certificat de professeur d'école de grammaire et avoir enseigné au moins pendant trois ans. Puis, après sa nomination, il est tenu de suivre, pendant un terme, les cours de l'Ecole normale.

Institutions catholiques. Le collège de St-Joseph de Memramcock, fondé depuis une quinzaine d'années par les pères de l'ordre de Ste-Croix, dont la maison-mère au Canada est à St-Laurent, près Montréal, compte dix professeurs et 200 élèves au moins. Cette maison d'éducation est appelée à faire le plus grand bien parmi la population française catholique du Nouveau-Brunswick.

Il y a aussi des académies classiques et commerciales florissantes à St-Jean, Chatham et St-Louis, où l'enseignement se fait en langue française ; puis, treize couvents enseignants tenus par des religieuses de différents ordres.

Bibliothèques publiques. Le gouvernement encourage aussi l'établissement des bibliothèques publiques, et accorde à chaque district une somme égale à celle qui y est levée pour ces fins, jusqu'à concurrence de $20 par année.

Proportion des élèves sur la population. La proportion des élèves sur le chiffre de la population était, en 1881, de 54,99 pour cent.

IV

NOUVELLE-ÉCOSSE

Dispositions générales.—Le système scolaire établi dans la Nouvelle-Ecosse ne diffère guère de celui qui est en vigueur dans les autres provinces.

L'année scolaire, finissant le 31 octobre de chaque année, se divise en deux termes : le terme d'hiver et le terme d'été.

L'admission à l'école est gratuite.

Il y a un conseil de l'instruction publique qui se compose des membres du Conseil exécutif, dont cinq forment un *quorum*. Comme au Nouveau-Brunswick, le Surintendant est le secrétaire du Conseil.

Une disposition particulière pourvoit à l'établissement de bureaux de commissaires d'écoles composés de sept membres nommés par le Lieutenant-

Gouverneur en conseil, qui servent d'intermédiaires entre le Département de l'instruction publique et les syndics d'écoles des arrondissements scolaires.

Ces bureaux qui sont au nombre de 33, y compris celui de la cité d'Halifax, siège deux fois par année. L'inspecteur d'écoles du district en est le secrétaire.

Ces commissaires règlent les difficultés qui peuvent s'élever entre les syndics, les contribuables et les instituteurs. Ils ont le pouvoir de révoquer ou de suspendre ces derniers, de retenir les subventions scolaires, en cas de plaintes fondées contre les syndics ou les instituteurs, de fixer les bornes des arrondissements scolaires et les sites des maisons d'école, d'ordonner la construction ou la réparation des maisons d'école, de répartir entre les arrondissements pauvres les subventions supplémentaires qui leur sont accordées, d'exempter de la cotisation les habitants des localités pauvres. Ils examinent aussi les rapports des inspecteurs d'écoles qui doivent ensuite être envoyés au Surintendant.

D'après la loi, les ministres de toutes les dénominations religieuses, les veuves, les filles et toutes les personnes âgées de plus de soixante ans sont exempts de payer la taxe scolaire jusqu'à concurrence de la somme de $500 dans l'évaluation de leurs propriétés.

Le Surintendant, les inspecteurs d'écoles, les professeurs des écoles normales et les instituteurs ne sont tenus d'accepter aucune fonction municipale ni d'agir comme jurés, et n'ont à payer aucune cotisation ou capitation jusqu'à concurrence de $2,000 d'évaluation de leurs propriétés, excepté en ce qui concerne les taxes d'écoles dont le Surintendant est seul exempt jusqu'au montant de cette somme.

Universités et Collèges—Les universités et les collèges qui, étant affiliés aux universités, ont, pour la plupart, le privilège d'accorder les degrés universitaires, sont au nombre de sept, savoir :

" King's College " fondé à Windsor en 1788 ; " Dalhousie College " fondé à Halifax en 1820, dont le programme d'études est calqué sur celui de l'université d'Edimbourg ;

" Acadia College " fondé en 1838 ;

" Le collège catholique St-François Xavier, " fondé en 1854, à Antigonish, qui est en même temps le grand et le petit séminaire du diocèse d'Arichat ;

" Le collège de Mont Allison " fondé en 1862 ;

" Le collège de Ste-Marie, " fondé, à Halifax,

en 1840 et dirigé par les frères des Ecoles Chrétiennes ;

Enfin " L'Université d'Halifax " fondée en 1876.

Ces institutions reçoivent tant du gouvernement que de différentes autres sources, la somme d'environ $40,000. Elles ont collectivement 38 professeurs. Le nombre des volumes contenus dans leurs bibliothèques est d'environ 18,000. Toutes sont subventionnées par le gouvernement.

Académies.—Les académies de comtés et les académies spéciales sont classées les unes et les autres parmi les écoles publiques subventionnées par le gouvernement.

Les premières sont placées sous le contrôle de syndics qui ont les mêmes pouvoirs que ceux des écoles communes ;

Les secondes sont plus ou moins indépendantes.

On y enseigne les classiques et, dans la plupart d'entre elles, les langues modernes étrangères.

Il y avait en 1881 douze académies de comtés, dirigées par 59 professeurs et fréquentées par 705 élèves.

On ne comptait que 4 académies spéciales avec 14 professeurs et 371 élèves.

Parmi ces dernières institutions se trouve l'Institut des Sourds-muets qui avait 5 professeurs et 61 élèves.

Ecoles communes.—Pendant l'année scolaire 1880-81, il y avait, pendant le terme d'hiver, 1763 écoles en opération, dirigées par 1824 instituteurs, et institutrices, et pendant le terme d'été, 1877 écoles tenues par 1938 instituteurs et institutrices.

Ces écoles furent suivies pendant le terme d'hiver par 43,063 garçons et 34,407 filles, et pendant le terme d'été, par 40,138 garçons et 40,051 filles.

Inspecteurs d'Ecoles.—La division des districts d'inspection a été changée en 1879. Au lieu d'un inspecteur d'écoles par comté, ce qui en donnait 19, il n'y en a plus maintenant que 10. L'intention du gouvernement, en modifiant le mode d'inspection existant jusqu'alors, a été sans doute de donner plus d'efficacité au système, en conférant aux inspecteurs des pouvoirs plus étendus qu'auparavant.

Ecole normale.—L'école normale de la province et une école modèle annexe, établies à Truro, comptaient, en 1881, la première, 5 professeurs et 136 élèves, sur lesquels 89 reçurent des brevets d'instituteurs, la seconde, 12 professeurs et 659 élèves pendant le terme d'hiver, et 715 élèves pendant le terme d'été.

Instituteurs.—Les diplômes accordés aux instituteurs sont de cinq catégories représentées par les cinq premières lettres de l'alphabet.

A. représente le diplôme de principal d'académie de comté ;

B. 1ère classe pour les instituteurs ;

C. 2ème classe pour les instituteurs, et 1ère classe pour les institutrices ;

D. 2ème classe pour les institutrices et 3ème classe pour les instituteurs ;

E. 3ème classe pour les institutrices.

Les instituteurs, munis des diplômes A ou B, ont droit, après avoir enseigné un certain nombre d'années, à un *bonus* annuel de trente piastres ; mais les directeurs d'académies, ayant des traitements relativement élevés, ne participent pas à cette gratification.

Voici quelle était la moyenne du traitement des instituteurs et des institutrices en 1881.

Grade B. Instituteurs $396.86 Institutrices ....

"   C.   "   266.82   " $293.92

"   D.   "   192.52   "   223.58

"   E.   "   ....   "   159.85

Coût de l'instruction publique. Une somme de $185,518.80 a été fournie par le gouvernement en 1881, pour les fins de l'éducation. Sur cette somme, $170,593.80 ont été affectées au soutien des écoles publiques dont les dépenses générales se sont montées à $563,375.67 ; le reste provenant des comtés et des districts scolaires.

Proportion sur la population.—A la Nouvelle-Ecosse, l'instruction publique a atteint la proportion considérable de 1 par un peu moins de 4 habitants sur la population totale.

V

ILE DU PRINCE-EDOUARD

Dispositions générales. Dans l'Ile du Prince-Edouard l'instruction publique est sous le contrôle d'un surintendant et d'un bureau d'éducation composé de onze membres nommés par le gouvernement.

Ce bureau d'éducation choisit les livres en usage dans les écoles, règle les difficultés qui peuvent s'élever entre les syndics chargés de l'administration des écoles et les contribuables, donne des diplômes aux instituteurs qu'il a aussi le droit de révoquer et possède, en un mot, tous les pouvoirs administratifs des conseils de l'instruction publique des provinces d'Ontario et de Québec.

Les ministres du culte des différentes dénominations religieuses, les chefs des maisons d'éducation et les instituteurs sont exempts de toutes impositions et corvées et du service militaire.

Administration des écoles.—A l'exception des écoles des villes de Charlottetown et de Georgetown qui possèdent un système scolaire jusqu'à un certain point indépendant, et où l'on exige une légère rétribution des élèves, l'instruction est gratuite.

Les écoles sont administrées par des syndics élus par les contribuables. Leurs attributions sont à peu près les mêmes que celles des commissaires et des syndics d'écoles des autres provinces.

Dans toutes les écoles subventionnées par le gouvernement, chaque classe doit s'ouvrir par la lecture d'un passage de la Bible, sans commentaires de la part de l'instituteur ; mais les élèves ne sont pas tenus d'assister à cet exercice religieux.

Ecoles publiques.—Les écoles publiques sont divisées en trois catégories : les écoles de grammaire et les écoles élémentaires, de deux degrés différents.

Les écoles de grammaire, dont le nombre dans chaque comté est fixé par le Lieutenant-Gouverneur en conseil, sur la recommandation du bureau d'éducation, sont placées sous la direction de syndics spéciaux élus comme ceux des écoles communes. En 1881 elles étaient au nombre de 23.

Il n'y avait que 16 écoles élémentaires supérieures et 484 écoles communes.

Ces écoles étaient fréquentées collectivement par 21,601 élèves (11,937 garçons et 9,664 filles), et dirigées par 267 instituteurs et 196 institutrices.

Le montant total dépensé en 1881 pour l'entretien des écoles publiques était de $133,137.32. Sur cette somme $97,342.69 furent affectées au payement du salaire des instituteurs et institutrices. La moyenne du coût de l'éducation de chaque enfant fréquentant l'école est de $6.11 par an.

Collèges et institutions catholiques. — Parmi les institutions catholiques on compte, à Charlottetown, le "Collège Saint-Dunstan" qui est dirigé par des prêtres séculiers, et une académie des frères des Ecoles Chrétiennes. A Charlottetown, ainsi qu'à Miscouche, Tignish et plusieurs autres villes, sont établis un assez grand nombre de pensionnats et d'externats pour les jeunes filles, dirigés par des religieuses de la Congrégation Notre-Dame et de divers autres ordres.

Inspection des écoles. L'Ile du Prince-Edouard, en vertu d'un amendement à la loi des écoles, passé en avril 1879, est divisée actuellement en deux districts d'inspection. Ce système semble avoir remplacé les trois visiteurs qui avaient, avant cette époque, la charge d'inspecter les écoles.

Ecole normale. Une loi votée par la législature de la province, en avril 1879, établit que l'école normale serait désormais unie au collège du " Prince de Galles," à Charlottetown.

Les cours de cette institution furent suivis, en 1881, par 121 élèves ; 72 garçons et 49 filles.

Proportion sur la population.—La proportion des enfants fréquentant les écoles par rapport à la population totale, est de 1 sur 5 habitants.

VI

MANITOBA

Les lois scolaires du Manitoba, dont la première date du 3 mais 1871, ont souvent été modifiées et amendées depuis par la législature de cette province, notamment par les statuts du 21 février 1872, du 8 mars 1873, du 14 mai 1875, du 4 février 1876 et du 25 juin 1879.

Système scolaire.—Le système scolaire actuellement en vigueur est administré par un bureau d'Education composé de vingt-et-un membres, dont douze sont protestants et neuf catholiques ; chacun de ces membres devant respectivement représenter les intérêts de la dénomination religieuse à laquelle il appartient.

Ce bureau doit tenir quatre séances régulières par année, savoir ; les premiers jeudis des mois de mars, juin, septembre et décembre. Celui des membres qui manque d'y assister pendant six mois, sans causes valables, est considéré, *ipso facto*, comme ayant donné sa démission.

Surintendants.—Deux surintendants, l'un catholique et l'autre protestant, sont choisis parmi les membres du bureau d'Education et nommés par le Lieutenant-Gouverneur. Ces surintendants sur qui repose l'administration du système scolaire sont aussi de droit secrétaires de la section religieuse du Conseil dont ils font partie.

Commissaires d'écoles.—La province est divisée, pour les fins scolaires, en arrondissements administrés chacun par trois commissaires.

Ces commissaires sont tenus de faire faire tous les ans, entre le premier et le trente décembre, par leur secrétaire trésorier, le recensement de tous les enfants de cinq à quinze ans inclusivement résidant dans leurs arrondissements respectifs.

Subvention scolaire.—Outre l'allocation faite tous les ans par la législature pour l'instruction publique,* les commissaires décident du montant qui devra être levé par cotisation sur les contribuables, pour compléter la somme nécessaire au soutien des écoles de leur arrondissement, dont chacune

---

* L'allocation accordée par le gouvernement est environ de $2.00 par enfant en âge de fréquenter l'école.

reçoit environ $150.00. Mais les contribuables ne sont tenus de payer leur part de ces cotisations scolaires qu'en tant qu'elles s'appliquent à des écoles de leur dénomination religieuse.

Université et Collèges.—Depuis 1876, Manitoba possède une université mixte au point de vue religieux et national. Cette institution est dirigée par un chancelier nommé pour trois ans par le Lieutenant-Gouverneur, par un vice-chancelier élu chaque année par le conseil d'administration qui se compose de vingt-cinq membres.

Trois collèges, ceux de St-Boniface, St-John et Manitoba sont affiliés à l'Université.

Statistiques scolaires—Les derniers rapports des surintendants de l'Instruction publique, catholique et protestant, portent à quatre-vingt-quatorze le nombre des écoles protestantes sur lesquelles on compte trente-cinq écoles mennonites, et à vingt-sept celui des écoles catholiques. Les premières étaient fréquentées par 3,614 élèves comprenant 623 enfants mennonites, savoir : 2,005 garçons et 1,609 filles, et les secondes par 1,658 enfants—810 garçons et 848 filles.

VII

COLOMBIE ANGLAISE

Dispositions générales.—La loi des écoles a subi des changements considérables depuis quelques années à la Colombie anglaise. La dernière, qui datait de 1876, était mise en opération par un conseil composé de sept membres et d'un surintendant qui en était en même temps le président et le secrétaire *ex officio* ; elle a été modifiée en 1879.

Depuis cette époque l'administration des écoles semble être du ressort exclusif d'un surintendant à qui ont été déférés tous les pouvoirs que possédait le Conseil.

Enseignement.—Il est interdit à l'instituteur de donner aucun enseignement religieux dans son école, en vertu des articles suivants de la loi scolaire :

« Toutes les écoles publiques, en vertu des dis-
« positions de cette loi, seront conduites rigoureu-
« sement d'après les principes non confessionnels
« (*non sectarian*). On inculquera la plus grande
« moralité; mais aucun dogme ou croyance reli-
« gieuse ne sera enseigné.”

« Aucun membre du clergé ne sera éligible aux
« charges de surintendant, de député surintendant,
« d'instituteur ou de syndic.”

Tous les enfants sont tenus, sous peine d'amende
pour leurs parents ou leurs tuteurs, d'assister à
l'école, au moins six mois de l'année. Sont seuls
exempts ceux qui sont trop éloignés de l'école, qui
étudient ailleurs ou ont déjà une éducation au
moins égale à celle qu'ils pourraient acquérir dans
l'école de leur district.

Sauf quelques exceptions, le mode d'enseignement dans la Colombie anglaise est presque iden-
tique à celui qui est en usage dans Ontario. Les
livres et autres articles scolaires sont les mêmes
que ceux dont on se sert dans cette province.

Inspection des écoles—Il n'y a pas d'inspec-
pecteurs d'écoles. Pour obvier à cet inconvénient,
les instituteurs sont tenus d'adresser au Surintendant un rapport mensuel sur l'état de leurs écoles
respectives.

Cependant le Surintendant, les membres du

clergé, les juges et certains autres fonctionnaires sont de droit visiteurs d'écoles.

Statistiques scolaires.—Le nombre total des élèves qui ont fréquenté les écoles publiques, pendant l'année scolaire 1880-81, était de 2,624 ; celui des instituteurs et institutrices de 60, comme le montre le tableau qui suit :

	Nombre.	Garçons.	Filles.	Institu-teurs.	Institu-trices.
High-schools	1	37	39	2	......
Ecoles communes.	52	1,404	1.091	35	23
Total......	53	1,441	1,130	37	23

Institutions catholiques—Les institutions catholiques, en vertu de la loi qui décrète que les maisons d'éducation subventionnées par l'Etat seront *non confessionnelles*, sont complètement indépendantes de l'action du gouvernement. Il y en a un certain nombre d'assez florissantes. Dans le diocèse de la Colombie, à New-Westminster, il y a une école de garçons dirigée par les pères Oblats et un pensionnat de jeunes filles tenu par les sœurs de Ste-Anne. Les mêmes religieuses ont sous leur direction quatre autres pensionnats pour les jeunes filles sauvages exclusivement, dans différentes parties du diocèse.

Dans le diocèse de Vancouver, il y a à Victoria un collège dirigé par des prêtres français et un pensionnat de jeunes filles et un orphelinat sous les soins des sœurs de Ste-Anne ; on y compte aussi six autres écoles catholiques.

Ces institutions contribuent beaucoup à la civilisation du pays, qui est encore, comme on sait, en grande partie sauvage.

ÉTAT GÉNÉRAL

Nous pensons ne pouvoir mieux résumer l'exposé que nous venons de faire de l'état de l'Instruction publique dans les différentes provinces de la confédération canadienne, qu'en produisant les chiffres suivants :

PROVINCES. (1)	Population en 1881.	Nombre d'institutions.	Nombre d'élèves.	Instituteurs et Institutrices.
Québec...............	1,359,027	4,803	238.767	6,915
Ontario	1,923,228	5,245	496.855	7,753
Nouveau-Brunswick	321,233	1.437	68.498	1,540
Nouvelle-Ecosse.....	440,572	1,902	43.475	2,066
Ile du Prince-Edouard	108,891	531	21,601	563
Manitoba (2)	65,954	121	5,272	132
Colombie Anglaise...	49,459	53	2 624	60
	4,263,364	11,092	877,092	19,029

(1) Moins les territoires du Nord-Ouest.
(2) L'Etat scolaire de cette province est pris sur les rapports de 1879.

Ce tableau dans lequel nous avons mis le chiffre de la population de 1881, en regard du nombre des institutions scolaires et des élèves des différentes provinces, donne, comme on le voit, une moyenne générale assez satisfaisante

VIII

EMIGRATION ET COLONISATION

—

Par beaucoup de personnes l'émigration est considérée comme une cause d'appauvrissement pour les peuples de qui elle vient, tandis qu'au contraire des statistiques certaines établissent qu'elle est le plus souvent aussi profitable au pays qui la fournit qu'à celui qui la reçoit.

L'excédant des populations qui, se trouvant trop à l'étroit dans certaines contrées de l'Europe, s'écoule vers les territoires peu habités de l'Amérique, y prépare les voies à un commerce d'exportation et d'importation qui atteint des proportions plus ou moins considérables, selon que le pays d'où il sort a plus ou moins d'extension industrielle.

Pour la Grande-Bretagne, l'émigration, tout en

étant une soupape de sûreté au moyen de laquelle le trop plein d'une population trop compacte échappe tous les ans aux horreurs du paupérisme, est cause aussi, en grande partie, de la suprématie commerciale incontestable que cette puissance a acquise sur toutes les autres en Europe.

A l'encontre de certains agents recruteurs intéressés, nous dirons d'abord que le Canada est loin d'être un pays de Cocagne, où les ouvriers fainéants et incapables gagnent, en arrivant, des salaires considérables qui leur permettent, tout en ne faisant rien, d'amasser en peu d'années des fortunes prodigieuses. Loin de là. Ce pays offre, il est vrai, de grandes ressources à l'émigration étrangère, et le gouvernement fait d'immenses sacrifices pour y attirer les cultivateurs et les ouvriers européens ; mais ceux qui viendront s'y établir ne doivent s'attendre à y réussir qu'en tant que, travailleurs infatigables, ils sauront de plus se soumettre aux lois et aux coutumes qui y sont en vigueur.

Il y a dans toutes les émigrations du monde deux classes bien distinctes : l'une respectable et utile, et l'autre préjudiciale aux pays vers lesquels elle se dirige. La première se recrute parmi les travailleurs honnêtes et laborieux qu'une louable ambition pousse, et qui ne craignent pas de détendre les liens qui les attachent au sol natal pour aller chercher en pays étranger l'aisance et quelquefois la fortune pour leur famille ; l'autre se compose de déclassés, ouvriers inaptes à quoi que ce soit, après s'être dits bons à toutes choses ; beaux parleurs pour la plupart, qui partent avec l'idée fixe de faire des dupes et de vivre aux dépens des habitants des pays où ils émigrent, tout en heurtant leurs sentiments les plus chers et traitant même leurs convictions traditionnelles de préjugés ridicules.

Aux bons cultivateurs, aux honnêtes et habiles artisans qui se sentent l'énergie suffisante pour aller demander à un pays lointain une aisance relative qu'ils ne peuvent acquérir chez eux, nous pouvons assurer sans crainte qu'au Canada ils trouveront, pour les y recevoir, une population bienveillante et amie.

Mais à ceux que nous venons de qualifier de déclassés, nous pouvons dire sans hésiter : restez chez vous, car au Canada vous végeteriez comme vous avez toujours végété dans votre pays ; et, dans votre misère, vous reprocheriez au peuple qui vous aurait accueillis cette pauvreté, conséquence naturelle de votre propre incurie.

Ceci posé, abordons maintenant le côté statistique de la question,

Personne n'ignore que l'émigration européenne

est le plus puissant des moteurs qui ont poussé les
Etats-Unis à cette immense prospérité matérielle
dont ils jouissent aujourd'hui. Les relevés officiels
que nous avons consultés sur le chiffre des émigrants, venus de toutes les contrées d'Europe ap-
porter à la grande république américaine le contingent de leur travail et de leur industrie, nous
permettent d'avancer que le nombre en a été de plus
de *dix millions sept cent mille*, de 1820 à 1881.

Il est vrai de dire que l'émigration au Canada
est loin d'avoir opéré encore sur des bases aussi
larges ; mais il est juste de faire remarquer qu'a-
vant 1870, rien ou peu de chose avait été tenté
pour attirer vers ce pays l'élément étranger
auquel est dû l'accroissement rapide de la population des états voisins.

En jetant un coup d'œil sur les chiffres suivants, on se formera une idée de l'émigration
étrangère au Canada pendant les cinq dernières
années. Il n'y est question que des émigrants qui
s'y sont fixés.

Emi-grants.*	1877	1878	1879	1880	1881
	15,323	18,372	30,717	27,544	32,587

En raison de la crise commerciale qui a sévi sur
le Canada, pendant ces dernières années, l'émigration qui lui donnait 41,079 habitants nouveaux en

* Emigrants qui se sont fixés au Canada.

1873, et n'en fournissait plus que 14,499 en 1876, s'est considérablement ralentie. Cependant elle tend à se relever depuis 1878.

D'après les relevés qui ont été faits, on estime que le contingent fourni par chacun des différents peuples de l'Europe, respectivement dans le montant annuel de l'émigration au Canada, peut se chiffrer ainsi :

Angleterre	48 %
Suède et Norvège	26 "
Ecosse	10 "
Irlande	12 "
Autres pays	4 "

Il est incontestable que le Canada présente autant, sinon plus, d'avantages à l'émigration agricole, qu'aucun pays du monde.

Des milliers d'acres de forêts vierges dans les provinces de Québec, d'Ontario, du Nouveau-Brunswick et de la Nouvelle-Ecosse offrent des profits immédiats aux colons qui viendront les exploiter, et les immenses prairies du Manitoba et du Nord-Ouest ne demandent qu'à être déchirées par le soc de la charrue pour produire les moissons vraiment extraordinaires dont il a été question dans un précédant chapitre.

Les avantages incontestés qu'offrent particulièrement à la colonisation ces territoires qui bientôt seront traversés par le *Pacifique Canadien*, voie ferrée gigantesque qui reliera l'Atlantique au Pacifique, viennent à peine de se révéler que déjà une émigration considérable,* sans précédents peut-être, se porte vers ces régions lointaines et se dispute chaque pied de ces vastes terrains qui, il n'y a pas bien longtemps encore, étaient regardés comme une charge inutile pour les autres provinces de la Confédération.

Tous ceux qui, depuis quelque temps, ont visité le Nord-Ouest, depuis les gouverneurs du Canada jusqu'aux plus infimes *reporters*, en ont parlé dans les termes les plus enthousiastes.

Voici même ce qu'en disait dernièrement un écrivain influent, dans la *Tribune* de Chicago, journal que l'on prend rarement en flagrant délit de compliments exagérés sur le compte du Canada.

Après avoir parlé des progrès prodigieux de Winnipeg † qui, naguères encore, était une bourgade sans importance, il continue ainsi :

" La raison de ces progrès est la prodigieuse fertilité du sol, fertilité bien supérieure à celle de la vallée de la rivière Rouge, dans le Dakota. Cette région susceptible de développements sans bornes,

---

* On porte à 25,300 le nombre des émigrants qui se sont rendus au Manitoba et au Nord-Ouest du 1er janvier au 30 avril 1882.

† La population de Winnipeg qui, lors du recensement de 1881, était de 7,985 habitants, est évaluée aujourd'hui (mai 1882) à environ 16,.000 âmes

inconnue pendant longtemps et que l'on supposait généralement couverte de glaces, est plus productive que les plus riches pays agricoles de l'Amérique du Nord."

Puis, plus loin :

"La production du blé au Manitoba et dans les territoires qui s'étendent au nord et à l'ouest de Winnipeg, prouve les propriétés éminemment productives de ces contrées. J'ai devant les yeux les rapports de quatre années des récoltes du blé dans cent cinquante localités, qui donnent les moyennes suivantes : 1877, 26¾ minots ; 1853, 26⅓ minots ; 1879, 26¾ minots ; 1880, 29⅛ minots. Ces chiffres sont très satisfaisants, si on les compare à ceux fournis par la culture de cette céréale, dans les Etats de l'Union les plus propres à cette-culture, qui donnent par acre : Minnessota, 17 minots ; Wisconsin, 14 ; Pensylvanie, 15 ; Massachussetts, 16."

Il semble hors de doute qu'en raison des relations commerciales que le Canada noue depuis quelque temps avec les autres pays, une émigration étrangère saine, qui prendra, d'ici à peu d'années, des proportions plus considérables, ne tardera pas à s'y porter. Nous sommes persuadé, en outre, que les peuples qui prendront part à ce mouvement dans les limites raisonnables, trouveront toujours dans l'extension de leur commerce, provoquée par la résidence de leurs nationaux chez nous, une compensation plus que suffisante pour un dépeuplement partiel et sans importance.

IX

CHEMINS DE FER

—

Les rapports des chemins de fer du Canada établissent que 7,595 milles (12,224 kil.) de voies ferrées y étaient en exploitation en 1881. Il y avait aussi 2,910 milles (4,683 kil.) de lignes en construction qui, reliant celles déjà existantes, procureront de nouveaux débouchés au commerce et à l'industrie du pays.

La longueur du *Grand Tronc*, le plus important de ces chemins de fer, est de 1,388 milles (2,233 kil.) dont 228 (366 kil.) sont sur le territoire des Etats-Unis.

Le Great Western et *l'Intercolonial*, qui viennent ensuite, ont, le premier, 902 milles (1,451 kil.) et le second, 840 milles (1,352 kil.) d'étendue.

Le Québec, Montréal, Ottawa et Occidental, plus particulièrement connu sous le nom de " Chemin de fer du Nord, " relie Québec à Ottawa par une ligne de 284 milles (457 kil.) Il longue la rive nord du Saint-Laurent jusqu'à Montréal, d'où il se dirige vers la capitale du Canada. Il parcourt 339 milles (546, kil.), y compris les embranchements. Il fut jusqu'au printemps de 1882 la propriété du gouvernement de la province de Québec, qui vendit la partie Ouest—de Montréal à Ottawa—à la Compagnie du *Pacifique Canadien*, et la partie Est—de Montréal à Québec—à une société composée de capitalistes canadiens.

La longueur du chemin de fer *Pacifique Canadien*, actuellement en voie de construction, sera de 2,850 milles (4,585 kil.) de Montréal à Burrard Inlet, son terminus, situé à l'embouchure de la rivière Fraser (Colombie britannique). Actuellement, environ 600 milles (966 kil.) de cette voie ferrée sont déjà en opération.

Le tableau ci-dessous établit que le Canada vient en septième ordre, pour la longueur des chemins de fer en exploitation.

Pays.	Milles exploités.
1. Etats-Unis	86,497
2. Allemagne	21,052
3. Grande-Bretagne et Irlande	17,945
4. France	16,186
5. Russie	13,611
6. Inde-Anglaise	9,179
7. *Canada*	7,595
8. Autriche	7,009
9. Italie	5,098
10. Hongrie	4,246
11. Espagne	4,067
12. Belgique	2,550
13. Suède	3,528

La moyenne par mille du transport des voyageurs sur les chemins de fer canadiens est de un centin sept huitièmes ($9\frac{7}{8}$ centimes,) et celle du transport des marchandises de un centin un huitième ($9\frac{5}{8}$ centimes) par tonne.

X

MILICE

—

A. l'exception d'une garnison d'environ 2,000 hommes entretenus par le gouvernement impérial, à Halifax, il n'y a pas de troupes régulières au Canada. On y entretient cependant des forces volontaires assez considérables, qui, par leur équipement et les exercices auxquels elles sont soumises, sont appelées à remplacer les corps impériaux qui se sont retirés en 1871.

Tout sujet anglais de 18 à 60 ans peut être appelé sous les armes pour la défense du territoire, mais dans ce cas là seulement.

Les hommes qui, n'ayant aucune cause d'exemption reconnue par la loi, sont passibles du service militaire, se divisent en quatre classes :

1°—Les hommes non mariés ou veufs sans enfants, de 18 à 30 ans ;

2°—Les hommes mariés ou veufs sans enfants, de 30 à 45 ans ;

3°—Les hommes mariés ou veufs avec enfants, de 18 à 45 ans ;

4°—Tous les hommes de 45 à 60 ans.

La milice se divise en deux catégories :

1°—La milice active, qui est de fait l'armée du Canada, se composant des corps réguliers affectés au service des places, de la milice maritime et des compagnies volontaires, donnant collectivement un contingent de 35,000 à 40,000 hommes, officiers et soldats, et se divisant ainsi, le 31 décembre 1881 : cavalerie, 1944—artillerie de campagne, 1440—artillerie de place 2,431—ingénieurs militaires, 224—infanterie 31,043—Batteries A et B, 308.

2°—La réserve, qui comprend tous ceux qui ne font pas partie du service actif, dont l'effectif atteint environ 650,000 hommes.

Le commandant en chef de la milice canadienne est un général de l'armée anglaise assisté d'un état-major permanent canadien.

Le pays est divisé pour les fins militaires en 12

districts militaires, administrés chacun par un sous-adjudant-général qui en a le commandement. Voici comment ces divisions militaires sont réparties dans chacune des provinces : Ontario, 4 ; Québec, 3 ; Nouvelle-Ecosse, 1 ; Nouveau-Brunswick, 1 ; Manitoba, 1 ; Ile du Prince-Edouard 1 ; Colombie Britannique, 1.

Il y a deux corps d'artillerie de place, l'un à Québec et l'autre à Kingston ; à chacun de ceux-ci est attachée une école d'artillerie. Le commandant de chacune de ces écoles a la direction régimentaire des corps d'artillerie de la province.

Un collège militaire royal pour l'éducation militaire des officiers, dont les cours sont de quatre ans, est établi depuis 1876 à Kingston. Quatre commissions dans l'armée régulière anglaise sont mises au concours parmi les élèves sortant de cette institution.

XI

CHRONOLOGIE CANADIENNE

—

DÉCOUVERTES PRINCIPALES

1492 L'Amérique .... Christophe Colomb.
1497 Le Labrador .... Jean Cabot.
1500 Terreneuve............... Gaspard de Cortéréal
1534 Le Canada .... Jacques Cartier.
1609 Le lac Champlain et la
     rivière Richelieu .... Champlain.
1613 La rivière Outaouais......   "
1615 Les lacs Huron, Ontario et
     Nipissing ....   "
1634 Le Wisconsin............. Nicolet.
1639 Le Mississipi ....   "

1640 Le lac Erié........... PP. Chaumonot et Brébeuf
1646 Les rivières Chaudière et
      Kénébec................ P. Druillettes.
  "   Le Saguenay............. Père Dablon.
1647 Le lac St-Jean............ Père de Quen.
1673 Exploration du Mississipi.. Jolliet et le P. Marquette.
1682 L'embouchure du Mississipi. Cavelier de la Salle.
1699 Les sources du Mississipi.. D'Iberville.

QUELQUES DATES HISTORIQUES, ETC.

1534 (3 juillet) Arrivée de Jacques Cartier à la Baie des
      Chaleurs.
1535 (14 sept.) Jacques Cartier débarque à Stadaconé
      (Québec).
  "   (2 octobre) Jacques Cartier visite Hochelaga (Mont-
      réal).
1542 (14 juillet) M. de Robertval débarque à Charle-
      bourg-royal.
1603 (23 juin) Arrivée de Champlain à Stadaconé.
1605 (mai) M. De Monts explore les côtes de l'Acadie et
      du Cap Breton.
  "   (août) M. de Monts fonde Port-Royal.
1608 (3 juillet) Champlain fonde Québec.
1617 (juin) Arrivée, à Québec, de Louis Hébert, le pre-
      mier cultivateur canadien.
1620 (août) Champlain construit le fort St-Louis.
1621 (21 mai) Ouverture du premier registre des bap-
      têmes, mariages et sépultures.

1621 (12 sept.) Etablissement de la première cour de Justice, par Champlain.

1624 (6 mai) Champlain pose la première pierre du château St-Louis.

1627 (29 avril) Fondation de la Cie des cent-Associés.

1629 (19 juillet) Prise de Québec par Kertk.

1632 (29 mars) Traité de St-Germain-en-Laye rendant le Canada à la France.

1634 (15 janvier) Concession de la seigneurie de Beauport à Robert Giffard.

" (4 juillet) M. de la Violette fonde Trois-Rivières.

1635 (6 janvier) Un homme convaincu de blasphème est attaché au pilori, à Québec.

" (25 déc) Mort de Champlain, à l'âge de 65 ans.

1636 (29 juillet) Concession de l'île de Montréal à M. de Lauzon.

1637 (10 juillet) Premier acte notarié fait au Canada, par Mtre, Audouart, Notaire, de Québec.

1638 (11 juin) Fortes secousses de tremblement de terre.

1640 (15 juin) Incendie de l'établissement des Jésuites.

" (7 août) M. de Lauzon cède l'île de Montréal à M. de la Dauversière.

1642 (8 mai) M. de Maisonneuve fonde Montréal.

" (13 août) M. de Montmagny commence la construction du fort Richelieu.

" (28 oct.) Mort de Jean Nicolet, découvreur du Wisconsin et du Mississipi.

1646 (31 décembre.) Première représentation théâtrale à Québec. (On joue le cid de Corneille.)

1650 (31 décembre) Incendie du monastère des Ursulines. (1ère fois).

1660 (21 mai) Mort glorieuse de Daulard et de ses compagnons.

1663 (du 5 fév. au 20 août) Fortes secousses de tremblement de terre.

" (24 fév.) La Cie des Cent-Associés renonce à ses privilèges.

" (21 mars) Etablissement du Conseil souverain.

" (18 août) L'île de Montréal devient la propriété des Sulpiciens.

1664 (16 août) Prise de Port-Royal par les Anglais.

1665 (6 mars) Mort du gouverneur de Mésy à l'Hôtel-Dieu de Québec.

" (8 avril) Formation de la Cie des Indes Occidentales.

" (30 juin) Arrivée du marquis de Tracy à Québec.

" (17 et 19 juin et 18 et 19 août) Débarquement à Québec des compagnies du régiment de Carignan.

" (juillet) Construction des forts de Sorel, Chambly et Ste-Thérèse.

" (12 sept.) Arrivée à Québec du gouverneur de Courcelle et de l'intendant Talon.

1666. (9 janv.) Départ de M. de Courcelle pour une expédition contre les Iroquois.

" (14 sept.) Départ de M. de Tracy pour une expédition contre les Agniers.

" (2 juillet) Premières thèses de philosophie soutenues au collège des Jésuites de Québec, par MM Jolliet et Franchère.

1667 (4 fév.) Premier bal au Canada chez le sieur Chartier, à Québec.

" (31 juillet) traité de Bréda qui rend l'Acadie à la France.

7

1667 (28 août) Départ du marquis de Tracy pour la France.

1668 (12 janv.) Décret permettant l'établissement d'une brasserie à Québec.

"   (14 avril) Mort de Robert Giffard, seigneur de Beauport.

1673 (juin) Jolliet et le P. Marquette explorent le Mississipi.

1675 (18 mai) Mort du P. Marquette.

"   La Cie des Indes Occidentales se désiste de ses droits sur la Nouvelle-France.

1682 (février) Cavelier de la Salle découvre les bouches du Mississipi.

"   (5 août) Grand incendie à la Basse-Ville de Québec.

1686 (21 oct.) Incendie du monastère des Ursulines (2e fois)

1687 (21 mai) Assassinat de Cavelier de la Salle.

1638 —— Emission des premiers billets représentant le numéraire.

1689 (4 juillet) Massacre de Lachine.

1690 (de février à juin) Expédition du comte de Frontenac contre la Nouvelle-Angleterre.

"   (16 oct.) Phipps tente de s'emparer de Québec.

1693 (5 oct.) Etablissement de la Cour royale.

1694 —— Première maison de pierre construite à Montréal.

1696 (20 nov.) Prise de St-Jean de Terreneuve par d'Iberville.

1697 (sept.) Exploit de d'Iberville à la Baie d'Hudson.

"   (20 sept.) Le traité de Ryswick asssure la possession de la Baie d'Hudson à la France.

1698 (28 nov.) Mort du comte de Frontenac à 78 ans.

1700 à 1701 — Grande famine par tout le Canada.

1701 (4 août) Traité de paix entre la colonie et les sauvages des cinq nations.

 " (15 nov.) incendié du séminaire de Québec (1ère fois)

1705 (1er oct.) Incendie du séminaire de Québec (2e fois).

1710 (16 sept.) Prise de Port-Royal par les Anglais.

1711 (22 août) Un ouragan détruit la flotte de Sir Walker venant assiéger Québec.

1713 (5 janvier) Incendie du palais de l'Intendance.

 " (29 janv.) Traité d'Utrecht donnant la Baie d'Hudson, Terreneuve et l'Acadie à l'Angleterre.

1715 Le P. Lafiteau découvre le ginseng au Canada.

 " M. de Bienville fonde la Nouvelle-Orléans.

1720 — M. Chaussegros de Léry fortifie Québec.

1725 (10 oct.) Mort de M. de Vaudreuil.

1732 La colonie est ravagée par la petite vérole et une grande disette.

1733 ——— Route carossable établie entre Montréal et Québec.

1737 (15 oct) 1ère fonte de fer aux forges St-Maurice.

1745 (17 juin) Prise de Louisbourg par les Anglais.

1748 (18 oct.) Traité d'Aix-la-Chapelle qui rend l'île du cap Breton à la France.

1749 Sir Ed. Cornwallis, gouverneur du Massachussets, fonde Halifax.

1752 (17 mars) Mort du marquis de la Jonquière

1755 (9 juillet) Bataille de Monongohéla.

 " (8 sept.) Défaite du général Dieskau, au fort St-Frédéric.

 " (15 sept.) Expulsion des Acadiens.

 " ——— Grande disette dans la colonie.

1756 (13 mai) Arrivée de Montcalm à Québec.

 " (14 août) Prise du fort Chouagen.

1757 (10 août) Prise du fort George.
1758 (8 juillet) Bataille de Carillon.
  "   (26 juillet) Prise et destruction de Louisbourg par
      les Anglais.
  "   (24 nov.) Prise du fort Duquesne par Forbes.
1759 (12 juillet) Commencement du bombardement de
      Québec.
  "   (31 juillet) Défaite de Wolfe au Sault Montmorency.
  "   (13 sept.) Bataille des plaines d'Abraham.
  "   (19 sept.) Capitulation de Québec.
1760 (28 avril) Bataille de Ste-Foye.
  "   (8 sept.) Capitulation de Montréal.
  "   (oct.) Le général Murray établit le régime militaire.
1763 (10 février) Traité de Versailles qui cède le Canada
      à l'Angleterre.
  "   (7 oct. et 17 déc.) Etablissement du gouvernement
      absolu.
1764 (21 juin) Premier N° de la *Gazette* publié en anglais
      et en français à Québec.
1767 ——— Premier livre publié au Canada, Québec (Le
      Catéchisme Montagnais).
1774 Acte de Québec rétablissant l'usage des lois civiles
      françaises.
1775 (9 juin) Le général Carleton proclame la loi mar-
      tiale.
  "   (9 nov.) Les armées américaines arrivent à la Pointe
      Lévis.
  "   (12 nov.) Montréal se rend aux Américains.
  "   (14 nov.) Le général Arnold débarque à Wolfe Cove.
  "   (8 déc.) Arnold et Montgomery assiégent Québec.
  "   (31 déc.) Défaite des Américains et mort de Mont-
      gomery.

1776 (29 avril) Etablissement à Montréal de la première imprimerie française au Canada, par M. Fleury Mesplets.

"   (4 juillet) Déclaration de l'indépendance des Etats-Unis d'Amérique.

1791 (10 juin) Division du Canada en deux provinces.

"   (27 déc.) Mise en vigueur de la nouvelle constitution.

1792 (17 déc.) Ouverture du premier parlement du Bas-Canada par le lieutenant-gouverneur Clarke.

1793 (18 avril) Premier N° du *Upper Canada Gazette*.

1796 (6 sept.) Incendie du couvent et de l'église des Recollets.

1800 (3 mars) Le gouvernement confisque les biens des Jésuites.

1805 ———— Première papeterie établie au Canada, à St-André.

1809 (6 nov.) Arrivée à Québec de l'*Accomodation*, premier bateau à vapeur venant de Montréal ; il avait 85 pieds de long.

1810 (17 mars) Saisie des presses du *Canadien*, et emprisonnement de MM. Taschereau, Blanchet, Bédard et de l'imprimeur Lefrançois.

1811 (21 mars) Exclusion des juges de l'Assemblée Législative.

1812 (12 juillet) Les armées des Etats-Unis envahissent le Canada.

1813 (26 oct.) Bataille de Châteaugay.

1815 (nov.) Premier essai d'éclairage des rues de Montréal.

1816 (1 janvier) Mort de sir G. Prévost.

1817 (1er oct.) 1er billet émis par la Banque de Montréal.

1823 (28 janvier) Le thermomètre descend à 42 degrés Fahrenheit au-dessous de zéro, à Montréal.

824 (août) Le bateau à vapeur *Hercule* remonte, pour la 1ère fois, le courant Ste-Marie.

" ——— Le comte Dalhousie fonde la " Société littéraire et historique de Québec," la plus ancienne du Canada.

1827 Le Colonel By fonde Ottawa (Bytown).

1828 (9 juin) 1ère assemblée de tempérance au Canada, dans l'église St-Pierre, à Montréal.

" (8 sept.) Inauguration du monument de Montcalm et Wolfe, à Québec.

1832 (8 juin) Le choléra asiatique éclate à Québec, où il fait 2,218 victimes. (Cette épidémie fit encore son apparition au Canada le 7 juillet 1834, le 4 juillet 1849, le 4 juin 1851, le 25 sept 1852 et le 20 juin 1854.

" ——— Incorporation des villes de Québec et Montréal.

1833 (5 août) Départ, pour l'Angleterre, du steamer *Royal William*, construit à Québec et le premier qui ait traversé l'Atlantique.

1834 (23 janvier) Incendie du château St-Louis, construit en 1624.

" (21 fév.) Adoption des 92 résolutions par l'Assemblée Législative.

" (24 juin) La société St-Jean-Baptiste établie à Montréal, par M. Ludger Duvernay.

1835 ——— Nomination de la Commission Royale.

1836 (août) Inauguration du premier chemin de fer canadien, " le Champlain et St. Laurent," allant de Laprairie à St-Jean.

1837 (23 oct.) Assemblée des 6 comtés à St-Charles.

" (6 nov.) Emeute à Montréal.

1837 (22 nov.) Bataille de St-Denis.

" (27 nov.) Bataille de St-Charles.

" (5 déc.) Proclamation de la loi martiale.

" (14 déc.) Bataille de St-Eustache.

1838 (27 mars) Suspension de l'Acte Constitutionnel.

" (1er juin) Dissolution du Conseil Spécial.

" (2 nov.) Révolte dans le district de Montréal.

" (10 déc.) Suspension des juges Panet et Bédard.

" (21 déc.) Exécution, à Montréal, de Cardinal et Duquet.

1840 (23 juillet) La Reine sanctionne le bill d'Union des deux Canada.

1841 (10 fév.) Proclamation de l'union des Canada.

1842 ———— Etablissement du gouvernement responsable.

" (24 juin) Société St-Jean-Baptiste établie à Québec, par le Dr Bardy.

1845 (28 mai) Incendie de 1632 maisons au faubourg St-Roch, Québec.

" (28 juin) Incendie de 1315 maisons au faubourg St-Jean, Québec.

1849 (26 avril) Incendie du Parlement, à Montréal.

1852 ———— Grand incendie à Montréal.

1854 (21 sept.) Inauguration de l'Université Laval.

1855 ———— Abolition de la Tenure seigneuriale.

" ———— Etablissement des municipalités de paroisses dans le Bas-Canada.

1856 ———— Le Conseil Législatif devient électif.

" ———— La Reine choisit Ottawa comme capitale du Canada.

1857 ———— Décentralisation judiciaire.

1858 ———— Premières monnaies frappées par le gouvernement canadien.

1859 ———— Organisation du Conseil de l'Instruction publique du Bas-Canada.

1860 ———— Découverte du pétrole à Petrolia, Ontario.

"   (18 août) Arrivée du prince de Galles à Québec.

"   (21 août) Inauguration du pont Victoria par le prince de Galles.

1863 (10 oct.) Inauguration du monument de Ste-Foye.

1864 (10 oct.) Congrès intercolonial, à Québec, pour établir les bases de la Confédération, présidé par sir E. P. Taché.

1865 ———— Mise en vigueur du " Code Civil " du B. C.

1866 (déc.) Conférence, à Londres, des délégués des provinces, pour discuter le projet de l'Acte de la Confédération.

"   (3 fév.) Mort de l'historien Garneau.

"   (31 mai) Invasion du Canada par les Féniens.

"   (14 oct.) Incendie de 2,500 maisons à St-Roch et St-Sauveur.

1867 (8 mars) Adoption de l'Acte de la Confédération canadienne en Angleterre.

"   (1er juillet) Proclamation de la Confédération au Canada.

"   (15 juillet) L'hon. P. J. O. Chauveau forme le 1er ministère de la province de Québec.

"   (5 nov.) L'hon. J. Cauchon est nommé président du Sénat.

"   (11 déc.) La Chambre des Communes vote l'acquisition des territoires du Nord-Ouest.

"   (27 déc.) Ouverture du 1er Parlement de la province de Québec. L'hon. J. G. Blanchet est nommé Orateur de l'Assemblée Législative.

1868 (9 avril) Assassinat, à Ottawa, de l'hon. T. D. McGee.

1868 (29 déc.) Sir J. Young est nommé gouverneur-général du Canada.

1869 (23 août) Arrivée du prince Arthur à Halifax.

"   (29 oct.) L'hon. M. MacDougall est nommé gouverneur du Nord-Ouest.

"   (31 oct.) Riel fait interdire l'entrée du Nord-Ouest à l'hon. MacDougall.

1870 (10 fév.) Gouvernement provisoire au Nord-Ouest avec Riel comme président.

"   (4 mars) Exécution de Thomas Scott à Fort-Garry.

"   (8 mai) Signature du traité de Washington.

"   (5 juillet) La Colombie entre dans la Confédération.

"   (24 sept.) Arrivée à Fort Garry du colonel Wolseley.

1871 (1er fév.) Incendie du Palais de Justice de Québec.

1872 (2 sept.) Elections générales pour la Chambre des Communes

1873 (11 fév.) L'hon. juge Caron est nommé lieutenant-gouverneur de Québec.

"   (21 fév.) Hon. P. J. O. Chauveau est nommé président du Sénat.

"   (22 fév.) L'hon. Gédéon Ouïmet est appelé à former un ministère à Québec.

"   (3 avril) L'Ile du Prince-Edouard entre dans la Confédération.

"   (20 mai) Mort de sir George Cartier à Londres.

"   (13 juin) Funérailles de sir George Cartier à Montréal.

"   (5 nov.) Démission du ministère McDonald.

"   (7 nov.) L'Hon. Alexander McKenzie forme un cabinet.

1874 (9 janvier) L'Hon. David Christie est nommé président du Sénat.

"   (fév.) Elections générales pour la Chambre des Communes.

1874 (22 sept.) Le ministère Ouïmet ayant donné sa démission, l'hon. C. B. de Boucherville est appelé à former un cabinet.

1876 (30 janv.) L'hon. Gédéon Ouïmet est nommé surintendant de l'Instruction publique.

" (12 déc.) Mort de Son Honneur le lieutenant-gouverneur Caron.

" (15 déc.) L'hon. Luc Letellier de St-Just est nommé lieutenant-gouverneur de Québec.

1877 (2 déc.) L'hon. J. Cauchon est nommé lieutenant-gouverneur à Manitoba.

1878 (4 mars) Démission du ministère de Boucherville.

" (9 mars) Formation du ministère Joly.

" (17 sept.) Elections générales pour la Chambre des Communes.

" (10 oct.) Démission du ministère McKenzie.

" (11 oct.) Sir J. A. McDonald forme un cabinet.

" (25 nov.) Arrivée à Halifax de la princesse Louise et du marquis de Lorne.

1879 (16 janvier) Mort de M. Octave Crémazie, au Havre, France.

" (9 juin) Inauguration de la Terrasse de Québec.

" (25 juillet) L'hon. Luc Letellier de St-Just est destitué comme lieutenant-gouverneur.

" (26 juillet) L'hon. T. Robitaille est assermenté comme lieutenant-gouverneur.

" (2 août) Arrivée à Québec des navires de guerre français, *La Galissonnière* et *La Bourdonnais*.

" (14 août) Echauffourée entre les ouvriers du port canadiens-français et irlandais, où deux canadiens-français furent tués.

" (21 août) Arrivée a Québec des navires de guerre anglais, *Bellerophon*, *Tourmaline et Griffin*.

1879 (30 oct.) Démission du ministère Joly.

"   (31 oct.) L'hon. J. A. Chapleau forme un cabinet.

1880 ———— Etablissement du Crédit Foncier Franco-Canadien.

"   ———— Le gouvernement de Québec contracte en France un emprunt de $4,000,000.

"   ———— Les départements publics de Québec sont transférés dans les nouveaux édifices parlementaires.

"   (5 août) M. L. H. Fréchette est couronné par l'Académie Française.

1881 (23 janvier) Mort de l'hon. Luc Letellier de St-Just, à 61 ans.

"   (4 avril) Recensement du Canada.

"   (9 juin) Incendie de plus de 600 maisons au faubourg St-Jean, Québec.

"   (2 déc.) Elections générales pour l'Assemblée Législative de Québec.

1882 (25 mai) Inauguration de la société royale par le marquis de Lorne, son fondateur.

"   (20 juin) Elections générales pour la chambre des communes.

PRINCIPAUX FAITS RELIGIEUX

—

1534 (24 juillet) J. Cartier élève une croix à l'entrée du
port de Gaspé.

1535 (7 sept.) Première messe dite au Canada, à l'île-
aux-Coudres, devant les équipages de J. Cartier.

1536 (3 mai) Avant de retourner en France, J. Cartier
élève une croix à l'endroit où il avait passé l'hiver.

1615 (2 juin) Arrivée de quatre Récollets à Québec.

" (25 juin) Le P. Dolbeau célèbre la messe à Québec.

" (26 juillet) Le P. Le Caron dit la messe aux Trois-
Rivières.

1617 (nov.) Mariage à Québec; le premier au Canada.

1618 (29 juillet) Publication, à Québec, d'une bulle de
jubilé.

1619 (29 août) Mort du frère récollet Duplessis.

1621 (25 mai) Bénédiction de l'église des Récollets à
Québec.

1625 (19 juin) Arrivée à Québec de trois pères et de deux
frères jésuites.

" (22 octobre) Le P. récollet Nicolas Viel se noye
dans le rapide que l'on nomme depuis "Sault au
Récollet."

1634 (8 déc.) Bénédiction de la chapelle de N. D. de
Recouvrance.

1637 (19 mars) St-Joseph est proclamé patron du Canada.

1639 (4 mai) Arrivée à Québec de Mme de la Peltrie, fondatrice des Ursulines, accompagnée de plusieurs religieuses.

" (4 mai) Arrivée des premières Hospitalières qui allèrent s'établir à Sillery.

" (15 août) Arrivée à Québec de Mlle Mance, fondatrice de l'Hôtel-Dieu de Montréal.

1642 (2 fév.) L'île de Montréal est consacrée à la Ste-Famille.

" (18 mai) Le P. Vimout dit la première messe à Montréal.

" (21 nov.) Inauguration du monastère des Ursulines à Québec.

1644 (29 mai) Les Hospitalières quittent Sillery pour s'établir à Québec.

1646 (janvier) Le P. Anne de Noüe est trouvé gelé près du fort Richelieu.

" (5 nov.) Mort de la mère Marie de St-Ignace, première supérieure de l'Hôpital de Québec.

1647 (15 juin) Le P. Jogues est massacré par les Agniers,

1648 (4 juillet) Le P. Daniel est massacré par les Iroquois, à la mission St-Joseph.

1649 (16 mars) Les PP. Brébeuf et Gabriel Lallemant sont martyrisés et mis à mort par les Iroquois au village St-Louis.

" (5 déc.) Le P. Chabanel est tué par un sauvage Huron.

" (7 déc.) Le P. Garnier est massacré par les Iroquois au village St-Jean.

1652 (10 mai) Le P. Butteux est massacré par les Iroquois sur le St-Maurice.

" (2 juillet) Bénédiction de la chapelle de la Visitation, île d'Orléans.

1653 (22 sept.) Arrivée à Québec de la sœur Bourgeois, fondatrice de la communauté de la Congrégation de N. D., à Montréal.

1655 (29 mars) Le frère Liégois est tué près de Sillery par des sauvages Agniers.

1656 (30 août) Le P. Garneau est tué par des Agniers à l'embouchure de l'Outaouais.

1657 (5 juillet) Erection du Canada en Vicariat Apostolique.

"   (29 juillet) Arrivée des premiers Sulpiciens à Québec.

1659 (6 janvier) Bénédiction de la chapelle des Ursulines de Québec.

"   (16 juin) Arrivée de Mgr de Laval à Québec.

"   (23 juin) Mgr de Laval officie pontificalement.

1660 (25 mars) Consécration des Saintes huiles, à Québec, pour la première fois.

1661 (29 août) M. Le Maître, prêtre de St-Sulpice, est surpris par des Onnontaguès, près de Montréal et massacré.

1666 (11 juillet) Consécration de l'église paroissiale de Québec.

"   (2 déc.) Installation de M. Frémont, 1er curé des Trois-Rivières.

1667 (27 juin) Premier miracle constaté à l'église de Ste-Anne de Beaupré.

1671 (18 nov.) Mort de Mme de la Peltrie.

1672 (30 avril) Mort de la Mère de l'Incarnation, première supérieure des Ursulines de Québec.

1674 (1er oct.) Mgr de Laval est nommé évêque titulaire de Québec.

1675 (16 août) Bénédiction de l'église de N. D. de Bonsecours à Montréal.

1634 (6 nov.) Erection du Chapitre de Québec.

1688 (25 janvier) Mgr de Laval s'étant retiré pour cause de santé, Mgr de St-Vallier est nommé évêque de Québec.

1693 (1er avril) Les Récollets cèdent leur établissement pour en faire un hôpital général et s'établissent en ville.

1700 (12 janvier) Mort de la sœur Bourgeois, à l'âge de 80 ans.

1708 (6 mai) Mort de Mgr de Laval, à l'âge de 86 ans.

1713 (18 août) Fait prisonnier par les Anglais en 1705, Mgr de St-Vallier revient dans son diocèse après une captivité de huit ans.

1722 ——— Division du Canada en 82 paroisses.

1727 (25 au 26 déc.) Mort de Mgr de St-Vallier.

1748 ———Travaux de restauration à la Cathédrale de Québec, achevés le 15 novembre.

1759 (22 juillet) La Cathédrale est incendiée par une bombe, pendant le siège.

1772 (3 déc.) Dernière assemblée du Chapitre de Québec.

1776 Le collège des jésuites est transformé en caserne.

1795 (6 sept.) Incendie de l'église et du couvent des Récollets.

1800 ——— Les biens des jésuites sont confisqués par l'Etat.

1816 (18 déc.) Incendie de l'église St-Roch, à Québec.

1825 (14 déc.) Translation du cœur de Mgr Plessis à l'église St-Roch, Québec.

1826 (17 janvier) Erection du diocèse de Kingston.

1836 (28 fév.) Etablissement de l'œuvre de la Propagation de la Foi, à Québec.

"   (31 mai) Erection du diocèse de Montréal.

1841 ——— Erection du Chapitre de Montréal.

1841 ——— Arrivée des Oblats à Montréal.

" (6 oct.) Mgr l'évêque de Nancy (France) élève une croix sur la montagne de St-Hilaire.

" (17 déc.) Erection du diocèse de Toronto.

1842 (2 juin) Retour à Québec des jésuites qui avaient quitté le Canada en 1764.

1842 (11 août) Arrivée à Québec des frères de la Doctrine Chrétienne.

1844 ——— Erection de l'archidiocèse de Québec.

" (16 avril) Erection du Vicariat apostolique de la Rivière Rouge.

" (11 juin) Arrivée à Montréal des sœurs du Bon Pasteur.

1847 (30 juillet) Erection du diocèse d'Ottawa.

" (31 juillet) Arrivée des clercs de St-Viateur, à Joliette.

1851 ——— *Premier* concile de Québec.

1852 ———Erection de la Province ecclésiastique d'Halifax.

" (8 juin) Erection du diocèse de St-Hyacinthe.

" (8 juin) Erection du diocèse des Trois-Rivières.

1854 ——— *Deuxième* concile de Québec.

1856 (17 fév.) Erection du diocèse de Hamilton.

" (21 fév.) Erection du diocèse de London.

1863 ——— *Troisième* concile de Québec.

1867 (15 janvier) Erection du diocèse de Rimouski.

1868 ——— *Quatrième* concile de Québec.

" (19 fév.) Départ pour Rome du premier détachement de zouaves pontificaux canadiens au nombre de 133 hommes.

1870 (30 avril) Mort de Mgr Cook, évêque des Trois-Rivières.

" (6 nov.) Retour à Montréal des 210 zouaves faits prisonniers au siège de Rome.

1873 —————— *Cinquième* concile de Québec.

1874 (8 fév.) Mort de Mgr Guignes, évêque d'Ottawa.

" (16 août) Erection du diocèse de Sherbrooke.

1875 —————— Mort de Mgr Charles Laroque, évêque de St-Hyacinthe.

1876 (26 juillet) Mort de Mgr Connoly, archevêque d'Halifax.

1878 (28 mai) Erection du diocèse de Chicoutimi.

" —————— *Sixième* concile de Québec.

1879 (1 août) Mort subite, à Québec, de Mgr O'Brien, évêque de Kingston

1880 (25, 26 et 27 juin) Premier congrès catholique, à Québec.

1881 (7 avril) Arrivée des Trappistes à Oka.

" (20 avril) Bénédiction de l'église de N. D. de Lourdes, à Montréal.

" (9 juin) Incendie de l'église et du presbytère du faubourg St-Jean.

1882 (17 avril) Mort de Mgr Hannan, archevêque d'Halifax, à l'âge de 62 ans.

MAISONS D'ÉDUCATION ET DE CHARITÉ.

—

INSTITUTIONS.	FONDATEURS.
1635 collège des jésuites à Québec.	Marquis do Gamache.
1639 Ursulines de Québec........	Mme de la Peltrie.
" Hôtel-Dieu de Québec......	Duchesse d'Aiguillon
1644 Hôpital de Montréal........	Mlle Mance.
1653 Congrégation de N. - D. à Montréal.................	Sœur Bourgeois.
1663 Séminaire de Québec........	Mgr de Laval.
1689 Sœurs de la Congrégation à Québec...................	Mgr de St-Vallier.
1693 Hôpital-Général de Québec...	Mgr de St-Vallier.
1694 Hôpital-Général de Montréal.	Les frères Charon, LeBer et Fredin.
1697 Ursulines des Trois-Rivières..	Mgr de St Vallier.
1747 Couvent des sœurs Grises de Montréal...................	Madame d'Youville.
1767 Collège de Montréal........	M Curateau sulpicien
1804 Séminaire de Nicolet........	M. Brassard, curé.
1811 Collège McGill de Montréal..	Hon. James McGill.
1812 Collège St-Hyacinthe.......	M. Girouard, curé.
1824 Collège de Ste-Thérèse......	M. Ducharme, curé.
" Collège de Chambly.........	M. Mignault, curé.
1827 Collège de Ste-Anne la Pocatière...................	M. Painchaud, curé.

1832	Collège de l'Assomption.....	M. Labelle, curé.
1837	Ecoles chrétiennes à Montréal.	Sulpiciens.
1842	Couvent du Sacré-Cœur à St-Jacques l'Achigan.........	M. Mercier, curé.
"	Ecoles de la doctrine chrétienne à Québec............	M. Baillargeon, curé.
1843	High-School, Québec........	Dr Cooke.
"	Sœurs du Saint nom de Jésus et Marie de Longueuil.....	M. Brassard, curé.
"	Bishop Collège de Lennoxville	L'Evêque Mountain.
1844	Le Bon Pasteur, Montréal.....	Mgr Bourget.
"	La Providence, Montréal....	Mme E. Gamelin.
"	Sœurs de la Congrégation, St-Roch, Québec.............	Mgr Signaï.
1846	Collège de Joliette...........	Hon. B. Joliette.
1847	Collège d'Ottawa...........	Mgr Guigues.
"	Collège Masson, Terrebonne..	Madame Masson.
"	Pères Ste-Croix, à St-Laurent de Montréal..........	M. St-Germain, curé
"	Frères de St-Joseph et Sœurs de Ste-Croix..............	M. St-Germain, curé
1848	Sœurs de la Miséricorde de Montréal..................	Mgr Bourget.
"	Sœurs Grises. Québec........	Mgr Turgeon.
1849	Collège Ste-Marie de Montréal	RR. PP. Jésuites.
1850	Bon Pasteur, Québec........	Mgr Baillargeon et M. Muir.
"	Collège de Rigaud..........	Rév. M. Desautels.
1852	Université Laval..........	Séminaire de Québec.
"	Collège de Sherbrooke........	Rév. A. E. Dufresne

1853 Sœurs de la Présentation de
      Marie à St-Hyacinthe...... Mgr Prince.
  "   Sœurs de la Présentation à
      Ste-Marie de Monnoir...... Le G. Vicaire Crevier
  "   Collège de Ste-Marie de Mon-
      noir...................... Le G. Vicaire Crevier
  "   Collège de Lévis........... Rév. M. Déziel, curé.
1854 Collège des Trois-Rivières... Mgr Cooke.
  "   Collège de Rimouski......... Rév. M. Lapointe.
1856 Sœurs de Jésus-Marie à St-
      Joseph de Lévis............ M. Routhier, curé.
1857 Ecoles Normales............ Hon. M. Chauveau.
1858 Ecole d'Agriculture......... Collège Ste-Anne.
  "   Religieuses du Sacré-Cœur, au
      Sault-au-Récollet.......... Mgr Vinet.
  "   Collège St-Michel.......... Rév. M. Fortier.
1862 Trappistes du township Lan-
      gevin ....
1863 Séminaire de St-Germain de
      Rimouski................... Mgr Langevin.
  "   Monastère du Précieux Sang,
      à St-Hyacinthe... .... Mlle Caouette.
1867 Frères de la Charité, à Mont-
      réal....................... M. Berthelet.
1875 Communauté des Carmélites,
      à Hochelaga............... Mgr Bourget.
1881 Etablissement des Trapistes à Oka.
1882 Les Ursulines établissent un couvent au Lac St-Jean.

GOUVERNEURS.

Domination française.

De	à	
1608	1629	—De Champlain (Samuel).
1633	1635	—De Champlain (Samuel) 2e fois.
1635	1636	—*De Châteaufort* * (Marc Antoine) ad.
1636	1648	—De Montmagny (Charles Huaut).
1648	1651	—D'Ailleboust (Louis de Coulonge.)
1651	1656	—De Lauzon (Jean).
1656	1657	—*De Lauzon-Charny* (Charles) ad.
1657	1658	—*D'Ailleboust* (Ls de Coulonge) ad.
1658	1661	—D'Argenson (Pierre Voyer, vicomte).
1661	1663	—D'Avaugour (Pierre Dubois, baron).
1663	1665	—Saffray de Mésy (Augustin, chevalier).
1665	1672	—De Courcelles (Daniel de Rémy).
1672	1682	—De Frontenac (Louis de Buade, comte de Palluau et).
1682	1685	—De la Barre (Le Fèbvre).
1685	1689	—De Denonville (Jacques René de Brisay, marquis).
1689	1698	—De Frontenac (Louis de Buade, comte de Palluau et).
1698	1703	—De Callières (Louis Hector.)

* Les noms des administrateurs sont écrits en italique.

1703 1725—De Vaudreuil (Philippe de Rigaud, marquis)

1725 1726—*De Longueuil* (Charles LeMoyne baron) ad.

1726 1747—Beauharnois (Charles, marquis de).

1747 1749—*La Gallissonnière* (Rolland Michel Barrin comte de) ad.

1749 1752—La Jonquière (Jacques Pierre de Taffanel marquis de)

—— 1752—*Longueuil fils* (Charles LeMoyne, baron de) ad.

1752 1755—Duquesne (De Menneville, marquis).

1755 1760—Vaudreuil Cavagnal (Pierre de Rigaud, marquis de).

———

Domination anglaise

De   à

1760 1763—Amherst (Jeffrey, lord).

1763 1766—Murray (honorable James).

—— 1766—*Irving* (Paulus Emilius) ad.

1766 1778—Carleton (sir Guy, plus tard, lord Dorchester).

1778 1786—Haldimand (Frederick).

1786 1796—Dorchester (sir Guy Carleton, lord).

1796 1799—Prescott (Robert).

1799 1805—Milnes (Robert Shore).

1805 1807—*Dunn* (honorable Thomas) ad.

1807 1811—Craig (sir James Henry).

—— 1811—*Dunn* (honorable Thomas) ad.

1811 1815—Prevost (sir George).

1815 1816—*Drummond* (sir Gordon) ad.

—— 1816—*Wilson* (John) ad.

1816 1818—Sherbrooke (sir John Coape).

1818 1819—Richmond (Charles duc de.)

1819 1820—*Monk* (honorable James) ad.

—— 1820—*Maitland* (sir Peregrine) ad.

1820 1828—Dalhousie (George comte de).

1828 1830—*Kempt* (sir James) ad.

1830 1835—Aylmer (baron Mathew Withworth).

1835 1838—Gosford (Archibald, comte de).

—— 1838—*Colborne* (sir John) ad.

—— 1838—Durham (John George, comte de).

1838 1839—Colborne (sir John)

1839 1841—Sydenham (Lord).

—— 1841—*Clitherowe* (John) ad.

1841 1842—*Jackson* (sir Richard Downes) ad.

1842 1843—Bagot (sir Charles).

1843 1845—Metcalf (baron Chas. Theophilus).

1845 1847—Cathcart (Charles Murray, comte de).

1847 1851—Elgin (James, comte).

1854 1861—Head (sir Edmund Walker).

1861 1867—Monck (Charles Stanley, vicomte).

Confédération

1867 1868—Monck (Charles Stanley, vicomte).

1868 1872—Lisgar (John Young, baron).

1872 1878—Dufferin Frederic Temple, comte).

1878 ————Lorne (Henry-Douglas-Sutherland-Campbel)
marquis de).

Lieutenants-Gouverneurs de la province de Québec

1867 1873—Belleau (sir Narcisse Fortunat).

1873 1876—Caron (Hon. René Edouard).

1876 1879—Letellier de St-Just (Hon. Luc).

1879 ————Robitaille (Hon. Théodore).

PARLEMENTS CANADIENS

—

Bas-Canada

1	Du	17 Décembre	1792	an	7 Mai	1796
2	"	24 Janvier ..	1797	"	26 Mai	1800
3	"	8 Janvier...	1801	"	2 Mai	1804
4	"	9 Janvier....	1805	"	14 Avril	1805
5	"	9 Avril....	1809	"	15 Mai	1809
6	"	29 Janvier..	1810	"	26 Février	1810
7	"	12 Décembre	1810	"	17 Mars	1814
8	"	21 Janvier ..	1815	"	26 Février	1816
9	"	15 Janvier..	1817	"	9 Février	1820
10	"	11 Avril....	1820	"	24 Avril	1820
11	"	14 Décembre	1820	"	3 Mars	1824
12	"	8 Janvier..	1825	"	7 Mars	1827
13	"	20 Novembre	1827	"	30 Août	1830
14	"	27 Janvier..	1831	"	18 Mars	1834
15	"	21 Février ..	1835	"	26 Août	1837

SUSPENSION DE LA CONSTITUTION

Canada-Uni

1	Du	8 Avril....	1841	au	23 Septembre	1844
2	"	12 Novembre	1844	"	6 Décembre	1847
3	"	24 Janvier..	1848	"	6 Novembre	1851
4	"	24 Décembre	1851	"	23 Juin	1854
5	"	10 Août....	1854	"	23 Novembre	1857

6 Du 13 Janvier.. 1858 au 18 Mai.............. 1861
7 " 15 Juillet.... 1861 " 12 Mai.............. 1863
8 " 13 Août.... 1863 ". 15 Août............ 1866

Confédération (Parlement fédéral)

1 Du 24 Septembre. 1867 au 8 Juillet............ 1872
2 " 3 Septembre. 1872 " 2 Janvier.......... 1874
3 " 21 Février... 1874 " 17 Août............ 1878
4 " 19 Février... 1879 " 20 Mai............. 1882

Province de Québec.

1 Du 27 Décembre. 1867 au 24 Décembre 1870
2 " 7 Novembre. 1871 " 23 Février.......... 1875
3 " 4 Novembre. 1875 " 9 Mars 1878
4 " 9 Juin ...... 1878 " 30 Juin............ 1881
5 " 8 Mars...... 1882 " ....

MINISTÈRES CANADIENS

—

Canada-Uni

1841 (13 février) Draper-Ogden.
1842 (16 sept.) Baldwin-Lafontaine.
1843 (12 déc.) Draper-Viger.
1846 (18 juin) Draper-Papineau.
1847 (29 mai) Sherwood-Papineau.
1847 (8 déc.) Sherwood.
1848 (11 mars) Lafontaine-Baldwin.
1851 (28 oct.) Hincks-Morin.
1854 (11 sept.) McNab-Morin.
1855 (27 janv.) McNab-Taché.
1856 (24 mai) Taché-McDonald, (J. A.)
1857 (26 nov.) McDonald, (J. A.)-Cartier.
1858 (2 août) Brown-Dorion.
  " (6 août) Cartier-McDonald (J. A.)
1862 (24 mai) McDonald (J. S.)-Sicotte.
1863 (16 mai) McDonald (J.-S.)-Dorion.
1864 (30 mars) Taché-McDonald (J. A.)
1865 (7 août) Belleau-McDonald (J. A.)

Confédération (gouvernement federal)

1867 (1er juillet) McDonald (J.-A.)-Cartier.
1873 (1er juillet) McDonald (J. A.)-Langevin.
  " (7 nov.) McKenzie-Dorion.
1878 (17 oct.) McDonald (J. A.)-Langevin.

Province de Québec

1867 (15 juillet) Hon. P. J. O. Chauveau.

1873 (27 fév.) Hon. Gédéon Ouïmet.

1874 (22 sept.) Hon. Charles B. DeBoucherville.

1878 (7 mars) Hon. Henri-Gustave Joly.

1879 (31 octobre) Hon. J. Adolphe Chapleau.

ARCHEVÊQUES ET ÉVÊQUES

—

Quebec

(Erigé en diocèse le 1er octobre 1674)

1658— Mgr de Laval-Montmorency, Vicaire Apostolique.
1674— 1er Evêque Mgr de Laval-Montmorency.
1688— 2   "   Mgr de St-Vallier.
1728— 3   "   Mgr de Mornay.
1734— 4   "   Mgr Dosquet.
1740— 5   "   Mgr de L'Aube Rivière.
1741— 6   "   Mgr de Pontbriand.
1760—Vacance du siège. —MM. Briaud, Perrault et de
    Montgolfier, vicaires capitulaires.
1766— 7 Evêque Mgr Briaud.
1784— 8   "   Mgr d'Esglis.
1788— 9   "   Mgr Hubert.
1797—10   "   Mgr Denaut.
1806—11   "   Mgr Plessis.
1825—12   "   Mgr Panet.

(Erigé en archidiocèse le 12 juillet 1844)

1844— 1er Archevêque Mgr Signaï.
1850— 2   "   Mgr Turgeon.
1867— 3   "   Mgr Baillargeon.
1870— 4   "   Mgr Taschereau.

Kingston

(Erigé en diocèse le 17 janvier 1826)

1826— 1er Evêque Mgr McDonald.
1840— 2   "   Mgr Gaulin.
1857— 3   "   Mgr Phelan.
1858— 4   "   Mgr Horan.
1875— 5   "   Mgr O'Brien.
1880— 6   "   Mgr Cleary.

Charlottetown (I. P. E.)

(Erigé en diocèse en 1829)

1829— 1er Evêque Mgr McEachern.
1837— 2   "   Mgr McDonald.
1860— 3   "   Mgr McIntyre.

Montreal

(Erigé en diocèse le 31 mai 1836)

1836— 1er Evêque Mgr Lartigue.
1840— 2   "   Mgr Bourget.
1876— 3   "   Mgr Fabre.

Toronto

(Erigé en diocèse le 17 décembre 1841)

1842— 1er Evêque Mgr Power.
1850— 2   "   Mgr DeCharbonnel.
1860— 3   "   Mgr Lynch.

(Erigé en archidiocèse le 20 mars 1870)

1870— 1er Archevêque Mgr Lynch.

Saint-Jean (N. B.)

(Erigé en diocèse le 30 septembre 1842)

1843 — 1er Evêque Mgr Dollard.
1852 — 2   "   Mgr Connolly.
1860 — 3   "   Mgr Sweeney.

Halifax (N. E.)

(Erigé en diocèse en 1842)

1842 — 1er Evêque Mgr Walsh.

(Erigé en archidiocèse en 1853)

1853 — 1er Archevêque Mgr Walsh.
1859 — 2   "   Mgr Connolly.
1877 — 3   "   Mgr Hannan. *
1882 — 4   "   Mgr ———

Arichat(N. E.)

(Erigé en diocèse le 21 septembre 1844.)

1844 — 1er Evêque Mgr Fraser.
1852 — 2   "   Mgr McKinnon.
1877 — 3   "   Mgr Cameron.

Ottawa

(Erigé en diocèse le 30 juillet 1847)

1848 — 1er Evêque Mgr Guigues.
1874 — 2   "   Mgr Duhamel.

Ile de Vancouver (C. A).

(Erigé en diocèse en 1847).

1879 — 3e Evêque, Mgr J. S. Blondel.

* Mgr Hannan est décédé le 16 avril 1882.

Saint-Boniface (Manitoba)

(Erigé en diocèse en 1847)

1847 — 1er Evêque Mgr Provancher.
1853 — 2   "   Mgr Taché.

(Erigé en archidiocèse le 22 septembre 1871)

1871 — 1er Archevêque Mgr Taché.

S.-Hyacinthe

(Erigé en diocèse le 8 juin 1852)

1852 — 1er Evêque Mgr Prince.
1860 — 2   "   Mgr Laroque (Joseph).
1866 — 3   "   Mgr Laroque (Charles).
1875 — 4   "   Mgr Moreau.

Trois-Rivières

(Erigé en diocèse le 8 juin 1852)

1852 — 1er Evêque Mgr Cooke.
1867 — 2   "   Mgr Laflèche.

Hamilton

(Erigé en diocèse le 17 février 1856)

1856 — 1er Evêque Mgr Farrell.
1874 — 2   "   Mgr Crinnou.

London

(Erigé en diocèse 21 février 1856)

1867 — 2 Evêque Mgr J. Walsh.

Chatham (Miramichi N. B.

(Erigé en diocèse le 8 mai 1860)

1860 — 1er Evêque Mgr Roger.

Rimouski

(Erigé en diocèse le 15 janvier 1867)

1867— 1er Evêque Mgr Langevin.

St-Albert (Nord-Ouest)

(Erigé en diocèse le 22 septembre 1871).

1871—1er Evêque Mgr Grandin.

Sherbrooke

(Erigé en diocèse le 16 août 1874)

1874— 1er Evêque Mgr Racine (Antoine).

Chicoutimi

(Erigé en diocèse le 28 mai 1878)

1878— 1er Evêque Mgr Racine (Dominique).

Athabaska (Rivière McKenzie)

(Erigé en vicariat apostolique en 1862).

1862—Mgr Faraud (vicaire apostolique)

Victoria (Colombie Anglaise)

(Erigé en vicariat apostolique le 14 décembre 1863).

1863—Mgr D'Herbomez (vicaire apostolique).

Sault Ste-Marie (Canada Septentrional)

(Erigé en vicariat apostolique le 25 janvier 1874).

1874—Mgr Gamot (vicaire apostolique).

XII

RENSEIGNEMENTS DIVERS

—

SUPERFICIE ET POPULATION

(D'après le recensement de 1881.)

PROVINCES.	Superficie.		Population.
	Milles.	Kilomètres	
Ontario	101,733	263,473	1,923,228
Québec	188,688	488,676	1,359,027
Nouvelle-Ecosse	20,907	54,146	440,572
Nouveau-Brunswick	27,174	70,378	321,233
Ile du Prince-Edouard	2,133	5,524	108,891
Manitoba	123,200	319,075	65,954
Territoires du Nord-Ouest	2,665,252	6,902,721	56,446
Colombie Britannique	341,305	883,944	49,459
Grand total	3,470,392	8,987,937	4,324,810

NATIONALITÉS.

(D'après le recensement de 1881.)

Nationalités.	Ontario.	Québec.	Nouvelle-Ecosse.	Nouveau-Brunswick.	Ile du Prince-Edouard.	Manitoba.	Territoires du Nord-Ouest.	Colombie Anglaise.	Totaux.
Français.....	102,743	1,073,820	41,219	56,635	10,751	9,949	2,896	916	1,298,929
Irlandais.....	627,262	123,749	66,067	101,284	25,415	10,173	281	3,172	957,503
Anglais......	535,835	81,515	128,986	93,387	21,404	11,503	1,374	7,297	881,301
Ecossais.....	378,536	54,923	146,027	49,829	48,933	16,506	1,217	3,892	699,863
Allemands....	188,394	8,943	40,065	6,310	1,076	8,652	21	858	254,319
Sauvages....	15,325	7,515	2,125	1,401	281	6,767	49,472	25,661	108,547
Hollandais...	22,163	776	2,197	4,373	292	506	11	94	30,412
Nègres'.......	12,097	141	7,062	1,638	155	25	2	274	21,394
Gallois.......	6,397	351	1,158	1,474	164	103	1	299	9,947
Suisses......	2,382	254	1,860	41	1	10	....	40	4,588
Chinois.......	22	7	....	....	....	4	....	4,350	4,383
Scandinaves..	1,521	648	556	932	38	250	33	236	4,214
Italiens......	687	745	153	59	21	41	....	143	1,849
Espagnols et Portugais...	285	175	350	203	1	14	....	144	1,172
Autres origines	29,579	5,465	2,747	3,667	359	1,451	1,138	2,083	46,489

CULTES.

(D'après le recensement de 1881.)

RELIGIONS.	Ontario.	Québec.	Nouveau-Brunswick	Nouvelle-Ecosse.	Ile du Prince-Edouard	Manitoba.	Territoires du Nord-Ouest	Colombie Anglaise.	Totaux.
Catholiques.........	320,839	1,170,718	109,091	117,487	47,115	12,246	4,443	10,043	1,791,982
Anglicans..........	366,539	68,797	46,768	60,255	7,192	14,297	3,166	7,804	574,818
Méthodistes........	591,503	39,221	34,514	50,811	13,485	9,470	461	3,516	742,981
Presbytériens	417,749	50,287	42,888	112,488	33,835	14,292	531	4,095	676,165
Anabaptistes.......	106,680	8,853	81,092	83,761	6,236	9,449	20	434	296,525
Luthériens.........	37,901	1,003	324	5,639	4	984	4	491	46,350
Congrégationalistes...	16,340	5,244	1,372	3,506	20	343	......	75	26,900
Quakers...........	6,307	86	21	77	5	43	1	13	6,553
Juifs.............	1,193	989	55	19	......	33	....	104	2,393
Autres cultes........	58,187	13,829	4,714	6,529	999	4,797	57,820	22,884	159,759

VILLES PRINCIPALES DU CANADA

—

(D'après le recensement de 1881.)

Capitale —Ottawa............ ...... 27,412 habitants.

Province d'Ontario (Haut—Canada)

Capitale—Toronto............... 86,415 habitants.

Villes principales..
Hamilton	35,961	"
London..........	19,746	"
Kingston	14,091	"
Guelph..........	9,616	"
Sainte-Catherine.	9,631	"
Brantford........	9,516	"
Belleville........	9,890	"

Province de Quebec (Bas-Canada)

Capitale—Québec............... 62,446 habitants.

Villes principales..
Montréal	140,747	"
Trois-Rivières...	9,296	"
Lévis	7,597	"
Sherbrooke......	7,227	"
Sorel	5,791	"
St-Hyacinthe....	5,321	"
St-Jean d'Iberville.	4,314	"

Nouveau—Brunswick

Capitale—Fredericton............   6,218 habitants.

Villes principales.. { St-Jean..........   26,127   "
Portland..........   15,226   "
Moncton..........   5,032   "

Nouvelle—Ecosse (Acadie)

Capitale—Halifax................   36,100 habitants.

Villes principales.. { Truro............   3,461   "
Pictou............   3,403   "

Ile du Prince—Edouard

Capitale—Charlottetown..........   11,485 habitants.
Ville principale.. { Georgetown......   1,118   "

Manitoba

Capitale—Winnipeg ....   7,985 habitants.
Ville principale.. { St-Boniface   1,283   "

Colombie Britannique

Capitale—Victoria...............   5,925 habitants.

STATISTIQUE ECCLÉSIASTIQUE.

DIOCÈSES.		Évêques.[*]	Prêtres.	Églises ou Chapelles.	Séminaires.	Ecclésias-tiques.
Province de Québec.	Québec	1	311	164	3	85
	Montréal	3	430	290	3	200
	Les Trois-Rivières	1	135	83	2	50
	St-Hyacinthe	2	140	64	2	30
	Rimouski	1	87	95	1	20
	Sherbrooke	1	42	44	1	11
	Chicoutimi	1	39	38	1	14
Province d'Ontario.	Kingston	1	51	80	....	10
	Toronto	2	66	71	2	12
	Ottawa	1	108	106	1	30
	Hamilton	1	50	77	....	12
	London	2	56	45	....	7
Sault Ste-Marie.		1	16	28	....	4
Nouvelle-Écosse.	Halifax	1	34	85	....	10
	Arichat	1	51	78	1	8
Nouveau-Brunswick	St-Jean	1	40	84	....	9
	Chatham	1	30	52	....	10
Manitoba—St-Albert et St-Boniface.		2	60	19	2	9
Vic. apostolique d'Arthabaska		2	15	22	....	....
Ile du Prince-Edouard		1	32	56	....	4
Totaux		27	1793	1581	19	545

[*] Dans la liste des évêques sont compris les évêques titulaires et les évêques *in partibus infidelium.*

POSTES

—

Le 1 novembre 1881 on comptait 5,935 bureaux de poste dans toutes les provinces de la Confédération, savoir : à Ontario 2,493 ; à Québec 1,147 ; au Nouveau-Brunswick 802 ; à la Nouvelle-Ecosse 1,037 ; dans l'île du Prince-Edouard 237 ; au Manitoba 145 ; dans la Colombie Britannique 59 ; sur le territoire du Nord-Ouest 10 ; à Keewatin 5.

Le nombre total des lettres expédiées pendant l'année a été de 50,423,000 sur lesquelles 2,253,000 ont été enregistrées, et celui des cartes postales de 9,640,000.

L'affranchissement des lettres, qui est obligatoire, coûte par demi once * (14 grammes 10 centigrammes) :

Pour toute la Confédération.... 3 centins (15 centimes).
Pour les Etats-Unis............. 3 centins (15 centimes).
Pour tous les pays d'Europe.... 5 centins (25 centimes).
Pour la localité d'où elles sont
   expédiées .... 1 centin (5 centimes).

Dans le cas d'insuffisance de paiement, un excédant de 6 centins par demi once est exigé.

Pour les *lettres chargées* (registered), outre l'affranchissement ordinaire, l'excédant à payer est de :
Pour le Canada.............. 2 centins (10 centimes).
Pour l'Europe............... 5 centins (25 centimes).
Pour les Etats-Unis......... 5 centins (25 centimes).

* L'once équivaut à 28 grammes 38 centigrammes.

Les Cartes postales coûtent :

Pour le Canada................ 1 centin (5 centimes).
Pour les pays d'Europe et les

  Etats-Unis................ 2 centins (10 centimes.)

Les *journaux* quotidiens, bi-hebdomadaires, trihebdo-
madaires et hebdomadaires sont francs de port * dans toutes
les provinces de la confédération canadienne, quand ils
sont expédiés du bureau de publication aux abonnés ou
aux marchands de journaux.

Les *revues* et les *journaux* qui ne se trouvent pas dans
une des catégories plus haut mentionnées, paient :

Pour le Canada, Terreneuve,
  les Etats-Unis et la Grande-
  Bretagne (quand ils sont
  envoyés dans ce dernier
  pays par la malle cana-
  dienne)................. 1 centin (5 centimes) par
                              livre.

Adressés par toutes autres
  personnes............... 1 centin par 4 onces ou $\frac{1}{3}$
                              centin pour moins de
                              1 once.

Pour les pays d'Europe, y
  compris la Grande-Bre-
  tagne, s'ils sont expédiés
  dans ce dernier pays par
  voie de New-York........ 2 centins (10 centimes) par
                              4 onces.

* La loi qui exempte les journaux des frais de port a pris effet le 1er
juin 1882.

Les Livres paient :

Pour le Canada * les Etats-Unis
et Terreneuve (le vaquet de pas
plus de 5 livres) .... 1 centin par 4 onces.
Pour l'Angleterre (pas plus de cinq
livres)........................ 1 centin par 2 onces.

Les échantillons ne doivent pas dépasser comme limite
de poids, 24 onces (681 grammes 12 centigrammes) pour
le Canada ; 8 onces (227 gram. 4 centig.) pour les Etats-
Unis ; et 8¾ onces (248 gram. 31 centig) pour l'Europe, la Grande-Bretagne comprise. Ils paient :

Pour le Canada 1 centin (5 centimes) par 4 onces (113
gram. 52 centig.)

Pour les Etats-Unis, 10 cents (50 centimes.)

Pour l'Europe, la Grande-Bretagne y comprise : 2 centins
(10 centimes) pour les premiers 2 onces (56 gram.
76 centig.)

Pour le reste, 1 centins (5 centimes) par 2 onces.

Les paquets ne doivent pas peser plus de cinq livres. Ils
ne peuvent être adressés que dans les limites du Canada
seulement, et aux taux suivants :

Pas plus de 4 onces................. 6 centins.
De 4 à 8 onces..................... 12 "
Par chaque 4 onces additionnelles.. 6 "

Le montant des sommes déposées aux *Banques d'épargne*
sous le contrôle de l'administration des Postes, qui sont au
nombre de 304 pendant le cours de l'année 1881, a été de
$4,175,042.

* Excepté pour les provinces de Manitoba—la ville de Winnipeg
exceptée—et de la Colombie pour lesquelles le poids ne doit pas excé-
der deux livres et trois onces.

On peut tirer des mandats d'une poste sur toutes les autres dans les limites de la Confédération pour une somme n'excédant pas $100.00 en payant les droits qui suivent :

Jusqu'à $4.00 (20 fr.) 2 centins (10 centimes).

De $ 4.00 à 10.00 (20 à 50 fr.) 5 cent. (25 cent.)
"   10.00 à 20.00 (50 à 100 ") 10 " (50 ")
"   20.00 à 40.00 (100 à 200 ") 20 " (1.00 fr.)
"   40.00 à 60.00 (200 à 300 ") 30 " (1.50 cent.)
"   60.00 à 80.00 (300 à 400 ") 40 " (2.00 ")
"   80.00 à 100.00 (400 à 500 ") 50 " (2.50 ")

En 1879 le chiffre de ces mandats sur la poste s'est élevé à $6,788,723.29 (38,855,422.51 frs.)

TÉLÉGRAPHES

—

Les lignes de télégraphe canadiennes ne comptent pas moins de 35,000 milles de fils télégraphiques. Elles sont desservies par environ 1,800 bureaux qui expédient annuellement plus de 2,000,000 de dépêches.

Le tarif des dépêches télégraphiques est comme suit :

Pour 10 mots...... 20 centins (1 fr.)

Pour chaque mot additionnel.... 1 centin (5 centimes.)

Mais quand les distances ne dépassent pas douze milles (10 kil. 303 m.) on paie :

Pour 10 mots...... 15 centins (0.75 centimes).

Pour chaque mot additionnel 1 centin (5 centimes).

L'expéditeur n'a rien à payer pour l'adresse et la signature.

TABLEAUX JUDICIAIRES

—

Cour Suprême du Canada

(Siège à Ottawa.)

Hon. William Johnston Ritchie, juge en chef.

JUGES PUÎNÉS.

Hon. Samuel Henry Strong.	Hon. Henri Elz. Taschereau.
Hon. Télesphore Fournier.	Hon. William Alex. Henry.

Hon. John William Guynne.

—

Cour du Banc de la Reine.

(Province de Québec.)

Sir Antoine Aimé Dorion, juge en chef.

JUGES PUÎNÉS.

Hon. Samuel C. Monk.	Hon. T. K. Ramsay.
Hon. Ulric Tessier.	Hon. Alexander Cross.

Hon. L. F. G. Baby.

—

Sessions de la Cour d'Appel.

A Montréal—du 15 au 27 des mois de janvier, mars, mai, septembre et novembre.

A Québec—du 1 au 8 des mois de février, mai, octobre et décembre.

Districts.	Comtés et villes compris dans les districts.	Sessions de la Cour Criminelle.	Sessions de la Cour Supérieure.
Arthabaska..	Arthabaska, Drummond et Mégantic.	Fév. 19 et oct. 19.	Du 20 au 25 mars, juin, sept. et déc.
Beauce......	Beauce et Dorchester.	Juin 20 et oct. 20.	Du 20 au 24 janv.—Du 13 au 19 mars, juin et oct.
Beauharnois .	Beauharnois, Huntingdon et Châteauguay.	Mars 1 et oct. 1.	Du 23 au 28 fév., mai, sept. et déc.
Bedford	Shefford, Missisquoi et Brome.	2e mardis de mars et sept.	Du 2 au 7 janv. —Du 2 au 6 mars, mai, sept. et nov.
Chicoutimi...	Chicoutimi	Janv. 15 et juin 2.	Du 12 au 14 janv.—Du 3 au 7 juin et du 13 au 19 oct.
Gaspé.......	Gaspé et Bonaventure.	A Percé—Fév. 13 et oct. 7	A Percé—Du 13 au 19 fév., du 1 au 7 juin et du 7 au 13 oct.
"	"	A New-Carlisle — Janv. 13 et sept. 13.	A New-Carlisle—Du 13 au 19 janv., du 10 au 16 juin et du 13 au 19 sept.
Iberville.....	St-Jean, Napierville et Iberville.	Mars 11 et oct. 11.	Du 20 au 25 janv., mars, mai, sept. et nov.

SESSIONS DES TRIBUNAUX (Suite)

Districts.	Comtés et villes compris dans les districts.	Sessions de la Cour Criminelle,	Sessions de la Cour Supérieure.
Joliette......	Joliette, l'Assomption et Montcalm.	Janv. 15 et juillet 2.	Du 10 au 19 janv., mars, mai, sept. et nov.
Kamouraska.	Kamouraska et Témiscouata.	Mars 23 et déc. 18.	Du 19 au 22 mars, mai et sept., et du 14 au 17 déc.
Montmagny..	Montmagny, l'Islet et Bellechasse.	Mars 26 et nov. 25.	Du 13 au 19 fév., 12 mai, du 15 au 20 sept. et du 13 au 19 nov.
Montréal.....	Cité de Montréal, Hochelaga, Jacques Cartier, Laval, Vaudreuil, Soulanges, Laprairie, Chambly et Verchères.	1 mars, juin, sept. et nov.	Du 16 janv. au 20 avril—Du 1 mai au 30 juin et du 1 sept au 20 déc.
Ottawa.......	Ottawa et Pontiac.	Juin 10 et déc. 10.	Du 20 au 26 janv., du 29 avril au 5 mai, du 20 au 26 sept., du 28 nov au 4 déc.
Québec......	Cité de Québec, comté de Québec, Portneuf, Montmorency, Lévis et Lotbinière.	Avril 10 et oct. 10.	Du 1 au 5 de chaque mois, excepté janvier, juillet et août.

Richelieu....	Richelieu, Yamaska et Berthier.	Janv. 20 et juillet 2.	Du 1 au 11 de chaque mois, excepté janvier, juillet et août.
Rimouski.....	Rimouski.	Mars 23 et oct. 23.	Du 16 au 21 mars, du 14 au 17 mai et sept., et du 16 au 12 nov.
Saguenay....	Saguenay et Charlevoix.	Fév. 5 et juin 22.	Du 31 janv. au 4 fév., du 17 au 21 juin, du 5 au 8 sept. et du 8 au 12 nov.
St-François...	Sherbrooke, Richmond, Wolfe, Compton et Stanstead.	Mars 1 et oct. 1.	Du 10 au 14 janv., mars, mai, sept. et nov.
St-Hyacinthe	St-Hyacinthe, Bagot et Rouville.	Janv. 15 et juin 15.	Du 1 au 8 fév., avril, juin et nov.
Terrebonne..	Terrebonne, Argenteuil et Deux-Montagnes.	Janv. 7 et juillet 2.	Du 20 au 25 janv., mars, juin et oct.
Trois-Rivières	Trois-Rivières, Maski-nongé, St-Maurice Champlain et Nicolet.	Janv. 2 et juillet 2.	Du 16 au 21 janv., mars, juin, sept. et nov.

OFFICIERS DE JUSTICE DE LA PROVINCE DE QUEBEC

DISTRICTS.	CHEFS-LIEUX.	JUGES.	PROTONOTAIRES.	SHÉRIFS.
Arthabaska	Arthabaska	Hon. M. A. Plamondon	Barris et Théroux	A. Quesnel
Beauce	St-Joseph	" A. R. Angers	Z. Vézina	T. Z. Taschereau
Beauharnois	Beauharnois	" L. Bélanger	P. J. U. Beaudry	P. Laberge
Bedford	Sweetsburg	" G. V. C. Buchanan	Leonard et Hall	P. Cowan
Chicoutimi	Chicoutimi	" A. B. Routhier	F. R. Gosselin	O. Bossé
Gaspé	{ Percé { New Carlisle	"	F. X; Lavoie / G. F. Maguire	L. Z. Joncas / W. M. Sheppard
Iberville	St-Jean	" H. W. Chagnon	F. U. Marchand	C. Nolin
Joliette	Joliette	" M. Mathieu	Desrochers et Désilets.	B. H. Leprohon
Kamouraska	Fraserville	" H. T. Taschereau	J. G. Pelletier	F. A. Sirois
Montmagny	Montmagny	" A. R. Angers	A. Bender	S. D. Lepine
Montréal	Montréal	" { H. F. Rainville " F. G. Johnson " R. MacKay " F. W. Torrance " L. A. Jetté, " A. C. Papineau	Hubert Honey et Gendron	Hon. P. J. O Chauveau
Ottawa	Aylmer	" W. McDougall	A. Driscoll	L. M. Coutlée
Québec	Québec	" { Andrew Stuart " L. E. N. Casault " A. B. Caron	Fiset, Burroughs et Campbell	Hon. C. Alleyn
Richelieu	Sorel	" C. Gill	A. N. Gouin	P. Guévremont
Rimouski	Rimouski	" R. Alleyn	A. P. Letendre	C. F. Lapointe
Saguenay	La Malbaie	" A. B. Routhier	C. DuBerger	P. H. Cimon
St-François	Sherbrooke	" M. Doherty	Short et Morris	G. F. Bowen
St-Hyacinthe	St-Hyacinthe	" L. V. Sicotte	Roy et Richer	L. S. Adam
Terrebonne	Ste-Scholastique	" Juges de Montréal	J. R. Berthelot	Z. Rouville
Trois-Rivières	Trois-Rivières	" J. B. Bourgeois	A. Desilets	— Dumoulin

FÊTES LÉGALES

—

(Province de Québec).

Les fêtes qui tombent à des dates fixes sont :

Circoncision.........	(1er janv).	Anniversaire de la proclamation de la Confédération...........	(1er juillet)
Epiphanie...........	(6 janvier).		
Annonciation........	(25 mars).		
Anniversaire de la Reine............	(24 mai).	Toussaint............	(1er nov.)
		Immaculée Conception	(8 déc.)
St-Pierre et St-Paul..	(29 juin).	Noël.................	(25 déc.)

Les fêtes légales mobiles sont : Le *Mercredi des Cendres ;* le *Vendredi-Saint ;* le *Lundi de Pâques ;* l'*Ascension ;* la *Fête-Dieu.*

Ces fêtes tomberont aux dates ci-dessous indiquées, pendant les vingt années suivantes :

Années	Mercredi des Cendres.	Vendredi Saint.	Lundi de Pâques.	Ascension.	Fête-Dieu.
1882	22 février	7 avril	10 avril	18 mai	8 juin
1883	7 "	23 mars	26 mars	3 "	24 mai
1884	27 "	11 avril	14 avril	22 "	12 juin
1885	18 "	3 "	6 "	14 "	4 "
1886	10 mars	23 "	26 "	3 juin	24 "
1887	23 février	8 "	11 "	19 mai	9 "
1888	15 "	30 mars	2 "	10 "	31 mai
1889	6 mars	19 avril	22 "	30 "	20 juin
1890	19 février	4 "	7 "	15 "	5 "
1891	11 "	27 mars	30 mars	7 "	28 mai
1892	2 mars	15 avril	18 avril	26 "	16 "
1893	15 février	31 mars	3 "	11 "	1 "
1894	7 "	23 "	26 mars	3 "	24 mai
1895	27 "	12 avril	15 avril	23 "	13 juin
1896	19 "	3 "	6 "	14 "	4 "
1897	3 mars	15 "	19 "	27 "	17 "
1898	23 février	8 "	11 "	19 "	9 "
1899	15 "	31 mars	3 "	11 "	1 "
1900	28 "	13 avril	16 "	24 "	14 "
1901	20 "	5 "	8 "	16 "	6 "

LOIS SUR LA PÊCHE ET LA CHASSE

—

(Province de Québec).

Temps pendant lequel la pêche et la chasse sont interdites.

Pêche

Espèces du poisson.	*Temps de la prohibition.*
Saumon { pêche au filet	Du 31 juillet au 1er mai.
{ pêche à la ligne...	Du 1er sept au 1er mai.
Poisson blanc..............	Du 10 nov. au 1er déc.
Truite saumonnée..........	Du 15 oct. au 1er déc.
Brochet, Doré et Maski-nougé..................	Du 15 avril au 15 mai.
Achigan..................	Du 15 mai au 15 juin.

Chasse

(Loi de 1882)

Espèces du gibier.	*Temps de la prohibition.*
Orignal, chevreuil, Elan, Caribou, etc..............	Du 1er février au 1er sept.
Castor, Vison, Loutre, Mar-tre, Pékan, Chat sauvage..	Du 15 mars au 1er nov.
Rat musqué	Du 1er mai au 1er avril.

Rat musqué dans les districts
  de Québec, Saguenay, Chi-
  coutimi, Montmagny, Ka-
  mouraska, · Rimouski et
  Gaspé.......................... Du 1er juin au 1er avril.
Lièvre .... Du 1er mars au 1er nov.
Perdrix .... Du 1er janvier au 15 sept.
Coq de bruyère, Ptarmigan,
  Bécasse, Bécassine, Alouette* Du 1er février au 1er sept·
Cygne, Oie sauvage, Outarde,
  Canard, Macreuse, Sarcelle † Du 15 avril au 9 sept.
Oiseau insectivore .... Du 1er mars au 1er sept.
Oiseau de proie, Pigeon sau-
  vage (tourte), Martin-pê-
  cheur, Corbeau et Corneille. Peuvent être chassés toute
                                 l'année.

---

* Ces oiseaux ne peuvent être chassés entre une heure après le coucher et une heure avant le lever du soleil.

† Les habitants de la partie du pays située à l'est et au nord des comtés de Montmorency et Montmagny peuvent' en toutes saisons, chasser ces gibiers, mais pour leur propre consommation seulement.

MESURES DE LONGUEUR, DE SUPERFICIE, DE PESANTEUR ET DE CAPACITÉ.

—

Mesures de longueur

La VERGE (0 mètre 91 centimètres) est de 3 *pieds*.

Le PIED (0 mètre 30 cent.) est de 12 *pouces*.

La BRASSE (1 mètre 82 cent.) est de 2 *verges*.

La PERCHE linéaire (5 mètres 02 cent.) est de 5 *verges* et demie.

La CHAINE (20 mètres 11 cent.) est de 22 *verges*.

Le MILLE (1,609 mètres 31 cent.) est de 80 *chaînes* ou 1,760 *verges*.

Le MILLE MARIN (1,852 mètres) contient 120 *nœuds* ou 5,280 *verges*.

Mesures de superficie

VERGE CARRÉE (0 mètre 83 centimètres.)

La PERCHE CARRÉE (25 mètres 29 cent.) contient 30 *verges* et un quart carrées.

La CHAINE CARRÉE (4 ares 4 centiares) contient 16 *perches* carrées.

L'ACRE (40 ares 47 centiares) contient dix *chaînes* carrées.

Le MILLE CARRÉ (16 hectares 18 ares) contient 40 *acres* carrés.

Mesures de pesanteur

La LIVRE étalon (453 grammes 59 centigrammes) se divise en 16 *onces*.

L'ONCE (28 grammes 35 centigrammes) se divise en 16 *drachmes*.

Le QUINTAL * (45 kilogrammes 35 grammes) est de cent *livres*.

La TONNE (907 kilogrammes 18 grammes) est de 20 *quintaux* ou 2,000 *livres*.

Mesures de capacité

Le GALLON (4 litres 54 centilitres) contient 4 *pintes*.

La PINTE (1 litre 13 centilitres) contient 2 *chopines*.

Le MINOT—(*bushel*)—(36 litres 34 centilitres) contient 8 *gallons*.

Le BARIL (1 hectolitre 13 litres) contient 25 *gallons*.

Poids légal de certaines denrées

Dans les contrats de vente ou de livraison des articles ci-après énumérés, le minot se détermine au poids, à moins de convention contraire.

Le poids du minot en livres anglaises † doit être comme suit :

Blé	Soixante	livres.
Blé-d'Inde ou maïs	Cinquante-six	"
Seigle	Cinquante-six	"
Pois	Soixante	"

* L'ancien quintal est de 112 livres, et l'ancienne tonne de 2,240 livres.

† La livre anglaise et canadienne équivaut à 453 grammes 59 centi. grammes.

Orge	Quarante-huit	livres.
Avoine	Trente-quatre	"
Fèves	Soixante	"
Graine de trèfle	Soixante	"
Graine de mil	Quarante-huit	"
Blé sarrasin	Quarante-huit	"
Graine de lin	Cinquante	"
Graine de chauvre	Quarante-quatre	"
Graine de pelouse (*Blue grass seed*)	Quatorze	"
Pommes de terre, navets, carottes, panets, betteraves et oignons	Soixante	"

VALEURS MONÉTAIRES

—

L'unité monétaire au Canada est la *piastre* ou *dollar* qui se subdivise en cent parties nommées *centin* ou *cent*.

L'or américain a cours, au Canada, au pair.

Les pièces d'argent sont de cinquante centins, vingt-cinq centins, vingt centins, dix centins et cinq centins.

Les billets de banque sont d'un usage plus général que l'or.

Les billets émis par les banques sont de 4, * 5, 10, 100, 500 et 1000 piastres.

Le gouvernement fédéral émet des billets de 1 et de 2 piastres.

Voici, comparativement à celles du Canada, la valeur approximative des différentes monnaies d'or et d'argent en circulation dans les pays suivants :

Pays	Pièces	Valeur en piastres et centins
Angleterre	Pièces d'or	Guinée............=\$5.05
		Demi-guinée.........= 2.52
		Livre sterling.......= 4.86
		Demi-livre sterling...= 2.93
	Pièces d'argent	Couronne...........= 1.12
		Demi-couronne......= 0.56
		Schelling...........= 0.22
		Demi-schelling.......= 0.11

* A partir du 1er juillet 1881, les banques ne peuvent plus mettre en circulation de billets au-dessous de cinq piastres ; le gouvernement fédéral s'étant réservé le privilège d'émettre ceux de valeur moindre.

Allemagne.	Pièces d'or	Double Frederic	= $7.97
		Double Auguste	= 7.94
		Dix thalers	= 7.89
		Ducat	= 2.27
		Cinq florins	= 2.04
	Pièces d'argent	Deux thalers	= 1.44
		Couronne	= 1.11
		Thaler	= 0.72
		Florin	= 0.41
		Marc	= 0.29

Autriche...	Pièces d'or	Quadruple ducat	= $9.11
		Double ducat	= 4.55
		Ducat	= 2.27
		Ducat impérial	= 2.28
		Couronne	= 6.77
	Pièces d'argent	Florin	= 0.50
		Vingt kreutzers	= 0.16
		Dix kreutzers	= 0.08

Belgique | Système décimal français.

Espagne...	Pièces d'or	Doublon	= $7.80
		Pistole	= 3.90
	Pièces d'argent	Piastre	= 1.04
		Demi-piastre	= 0.52
		Peseta (Piécette)	= 0.20

Etats-Unis.	Pièces d'or	Double aigle	= $20.00
		Aigle	= 10.00
		Demi-aigle	= 5.00
		Quart d'aigle	= 2.50
		Dollar	= 1,00

Etats-Unis.	Pièces d'argent	Dollar	=	1.00
		Demi-dollar	=	0.50
		Quart de dollar	=	0.25
		Dime	=	0.10
		Demi-dime	=	0.05
France.	Pièces d'or	Cent francs	= $	19.28
		Quarante francs	=	7.71
		Vingt francs	=	3.85
		Dix francs	=	1.92
		Cinq francs	=	0.96
	Pièces d'argent	Cinq francs	=	0.96
		Deux francs	=	0.38
		Un franc	=	0.19
		Cinquante centimes	=	0.09
		Vingt centimes	=	0.04
Hollande..	Pièces d'or	Double ducat	= $	4.70
		Ducat	=	2.35
		Wilhelm	=	4.17
	Pièces d'argent	Rysdale	=	1.04
		Florin	=	0.42
		Demi-florin	=	0.21
Italie		Système décimal français.		
Portugal..	Pièces d'or	Portugaise	$ =	8.65
		Couronne	=	5.81
	Pièces d'argent	Cruzado	=	1.61
		Cruzado novo	=	0.57

Russie	Pièces d'or	Impériale de dix roubles	=$7.93
		Demi-impériale	= 3.96
	Pièces d'argent	Rouble	= 0.75
		Demi-rouble	= 0.37
		Trente copecks	= 0.23
Suède	Pièces d'or	Double ducat	=$4.53
		Ducat	= 2.26
		Demi-ducat	= 1.13
	Pièces d'argent	Rigsdaler	= 1.09
		Demi-rigsdaler	= 0.54
Suisse	Système décimal français.		

HEURE DE QUÉBEC COMPARÉE A CELLE DES VILLES CI-DESSOUS.

—

Quand il est midi à Quebec il est :

A Amsterdam (Hollande).....................	5.05 P. M.
" Athène (Grèce)........................	6.20 "
" Berlin (Prusse)......................	5.38 "
" Berne (Suisse).......................	5.15 "
" Boston (Etats-Unis)..................	12.01 "
" Bruxelles (Belgique).................	5.02 "
" Charlottetown (Ile du Prince-Edouard....	12.33 "
" Constantinople (Turquie).............	6.41 "
" Dublin (Irlande)....................	4.20 "
" Edimbourg (Ecosse)...................	4.32 "
" Fredericton (Nouveau-Brunswick).	12.18 "
" Halifax (Nouvelle-Ecosse)............	12.31 "
" Hambourg (Allemagne).................	5.52 "
" La Havane (Cuba, Antilles)	11.15 A.M.
" Hong-Kong (Chine)....................	12.22 "
" Jérusalem (Judée)...................	7.06 P. M.
" Londres (Angleterre)................	4.45 "
" Madrid (Espagne)....................	4.30 "
" Mexico (Mexique)....................	10.09 A.M.
" Montréal (Province de Québec)........	11.51 "
" New-York (Etats-Unis)	11.49 "
" Ottawa (Province d'Ontario)..........	11.42 "

" Paris (France)	4.54	P. M.
" Pekin (Chine)	12.31	A.M.
" St-Petersbourg (Russie)	6.46	P M·
" Rio Janeiro (Brésil)	1.52	"
" Rome (Italie)	5.35	"
" Stockholm (Suède)	5.57	"
" Toronto (Province d'Ontario)	11.28	A.M.
" Vienne (Autriche)	5.51	P.M.
" Washington (Etats-Unis)	11.37	A.M.
" Yedo (Japon)	2.05	"

PRINCIPAUX JOURNAUX DU CANADA *

—

Province d'Ontario

Belleville	Intelligencer	(anglais)	quotidien.
	Ontario	"	"
Brantford	Courrier	"	"
	Evening Telegram.	"	"
Brockville	Recorder	"	"
Guelph	Herald	"	"
	Mercury & Advertiser	"	"
Hamilton	Spectator	"	"
	Times	"	"
Kingston	British Whig	"	"
	News	"	"
London	Advertiser	"	"
	Herald	"	"
	Free Press	"	"
Ottawa	Citizen	"	"
	Free Press	"	"
	Herald	"	"
	Le Canada	(français)	"
St. Catherine	Journal	(anglais)	"
	News	"	"

* On compte au Canada 515 journaux et revues répartis comme suit dans chacun des provinces : Ontario 318; Québec 98; Nouveau-Brunswick 31 ; Nouvelle-Ecosse 45 : Ile du Prince-Edouard 12 ; Manitoba 7; Colombie Anglaise 4.

Peterborough .. {	Review............	(anglais)	quotidien
Toronto........{	Mail.............	"	"
	Globe............	"	"
	Evening Telegram.	"	"

Province de Québec

Bedford ....{	Bedford Times........	(anglais)	heb.
Cowansville....{	Observer............	"	"
Joliette........{	La Gazette...........	(franç)	bi-heb
Lévis..........{	Le Quotidien.........	"	quot.
Louisville .....{	Le Courrier de Maskinongé........	"	bi-heb.
Montréal......{	Le Courrier de Montréal	(franc.)	quot.
	The Gazette..........	(anglais)	"
	The Herald..........	"	"
	Le Journal d'Agriculture	(franc.)	mens.
	Journal of Commerce..	(anglais)	heb.
	Canadian Illust. News.	"	"
	La Minerve..........	(franç.)	quot.
	Le Monde...........	"	"
	L'Opinion Publique...	"	heb.
	La Patrie...........	"	quot.
	The Post...........	(anglais)	"
	La Revue Canadienne..	(franc.)	mens.
	The Shareholder......	(anglais)	heb.
	The Star...........	"	quot.
	La Tribune..........	(franç.)	heb.
	The Witness.........	(anglais)	quot.
Québec........{	Le Canadien..........	(franç.)	quot.
	Le Courrier du Canada..	"	"
	L'Electeur	"	"
	L'Evénement.........	"	"
	Le Journal de Québec..	"	"
	Morning Chronicle.....	(anglais)	"
	Le Naturaliste Canadien	(franç.)	mens.

Québec	La Nouvelle France (revue)	"	mens.
	Nouvelles Soirées Canadiennes (revue)	"	bi-mens.
	La Vérité	"	heb.
	Le Nouvelliste	"	quot.
	Le Provincial	"	"
	Telegraph	(anglais)	"
Richmond	Guardian	(anglais)	heb.
Saint-Hyacinthe	Le Courrier	(franç.)	tri-heb.
	L'Union	"	heb.
Saint-Jean	Le Franco-Canadien	(franç.)	tri-heb.
	Le News	(anglais)	"
	La Voix du Peuple	(franç.)	heb.
St. Lin	Les Laurentides	(franç.)	heb.
Sherbrooke	Examiner	(anglais)	heb.
	Gazette	"	"
	Le Pionnier	(franç.)	"
Sorel	La Gazette de Sorel	(franç.)	bi-heb.
	Le Sorellois	"	"
Trois-Rivières	La Concorde	(franç.)	tri-heb.
	Le Constitutionnel	"	"
	Le Journal des T.-R.	"	"
Waterloo	Advertiser	(anglais)	heb.

Nouveau Brunswick.

Fredericton	New-Brunsw. Reporter	(anglais)	heb.
	Star	"	"
Moncton	Times	(anglais)	quot.
St.-John	The Globe	(anglais)	quot.
	The News	"	"
	The Sun	"	"
	The Telegraph	"	"
Shédiac	Le Moniteur Acadien	)franç.)	heb.

Nouvelle-Ecosse

Amherst ...... { Gazette................(anglais) heb.

Annapolis ..... { Journal................(anglais) heb.

Halifax .... {
Acadian Recorder......(anglais) quot.
Chronicle............   "   tri-heb.
Evening Mail.........   "   quot.
Morning Herald.......   "   tri-heb.

—

Ile du Prince Edouard

Charlottetown . {
Patriot...............(angl.) bi-heb.
Presbyterian..........   "   "
New Era.............   "   "

Georgetown.... {
Advertiser........... (angl.)   heb.
Pioneer................   "   "

—

Manitoba

St.-Boniface ... { Le Métis..............(franç.)   heb.

Winnipeg ..... {
Manitoba Free Press....(angl.)   quot.
Tribune................   "   "
Manitoba Gazette......   "   heb.
Standard ....   "   "

—

Colombie Britannique

Nanaimo....... { Free Press...........(angl.) bi-heb.

New-West-
minster...... { Mainland Guardian.... (angl). bi-heb.

Victoria....... {
British Colonist .... (angl).   quot.
Standard ....   "   "

TABLE DES MATIÈRES

—

ERRATA

Page 121, après le tableau donnant le nombre et le tonnage des navires construits au Canada, lisez :

"Ce qui donne en moyenne, plus de 252 tonneaux et demi par navire.

"Sur ce nombre il y a 38 steamers à hélice et 8 à roues ; et parmi les bâtiments à voiles, on compte : 53 trois mâts, 23 bricks, 157 schooners et 35 navires de plus faible tonnage."